大魚讀品
BIG FISH BOOKS

让日常阅读成为砍向我们内心冰封大海的斧头。

你的孩子不是你的孩子

吴晓乐 著

中国友谊出版公司

你们可以努力去模仿他们，却不能使他们来像你们，

因为生命是不倒行的，也不与『昨日』一同停留。

你们是弓，你们的孩子是从弦上发出的生命的箭矢。

那射者在无穷之中看定了目标，也用神力将你们引满，使他的箭矢迅疾而遥远地射了出去。

让你们在射者手中的『弯曲』成为喜乐吧；

因为他爱那飞出的箭，也爱了那静止的弓。

——纪伯伦《先知·论孩子》（冰心 译）

你们的孩子，都不是你们的孩子，
乃是『生命』为自己所渴望的儿女。
他们是借你们而来，却不是从你们而来，
他们虽和你们同在，却不属于你们。
你们可以给他们以爱，却不可给他们以思想，
因为他们有自己的思想。
你们可以荫庇他们的身体，却不能荫庇他们的灵魂，
因为他们的灵魂，是住在『明日』的宅中，
那是你们在梦中也不能想见的。

他不是笨，也不是迟钝。他不过是个吓坏的孩子。

—— 第一个家《人子与猫的孩子》

她偷偷希冀着,父亲待会儿就会走过来,对她说一句:好女儿,你也辛苦了。

——第二个家《一脉不相承》

无论她去了一所很好的学校还是很糟糕的学校，都不会影响她的人生，她的人生已经定型了。她只是换了一个时空，发呆，放空，等下课，每个夜晚，陪着孤单的母亲，在不同的餐厅里品味精致的餐点。

—— 第三个家《必须多动》

穿上这制服，有一种无形的压力。

"不是读书的压力，是一种格格不入的压力。"

—— 第四个家《私的迷思》

这世界上最伤人的话是什么?

"其实当初生下你不是我的意思。"

—— 第五个家《他没有家了》

每一次,她看着纪小弟抱着球消失得不见人影,她坐在家里等待。时钟的指针无情地向前,她知道打球的儿子是最快乐的,但她不能确定,这样的快乐可以维持多久。

—— 第六个家《天赋》

他不是个习惯和他人分享心事的人，他找我倾诉，而我不过是他相处半年的家教——这表示他找不到更好的人选了。其他人都太靠近他的真实生活，我的距离够远，只能听，什么也不能做，这是他最需要的，一个聆听而不介入的角色。

—— 第七个家《衣柜中的小剧场》

妈妈笑吟吟地对他说:"不要害怕,无论你长到多大,妈妈都会保护你的。"
听到这句话,他宛如在冬天被扔进游泳池,全身冰凉。

——第八个家《怪兽都聚在一起了》

和母亲将近第一百次的和解失败时,她决定宽恕自己,和解或许可行,但不是现在。

—— 第九个家《高才生的独白》

目 录

i　　推荐序　走进故事屋
vii　　自　序　记得那些脸

001　　人子与猫的孩子
　　　他的反应，仿佛这场对话与他无关，他是局外人。

023　　一脉不相承
　　　她偷偷希冀着，父亲待会儿就会走过来，对她说一句：好女儿，你也辛苦了。

059　　必须多动
　　　"多动症"可能是一个标签，也可能是从天而降的神仙索。

085　　私的迷思
　　　穿上这制服，有一种格格不入的压力。

105　　他没有家了
　　　这世界上最伤人的话是什么？
　　　"其实当初生下你不是我的意思。"

135　天赋

全家福里他们笑得很灿烂，没人怀疑他们爱着彼此。

161　衣柜中的小剧场

除了太漂亮之外，他还是那种老师爱死了的标准小孩。

173　怪兽都聚在一起了

"在我对班级重拾归属感时，母亲又急着把我给毁了。"

233　高才生的独白

"和母亲将近第一百次的和解失败时，我决定宽恕自己，和解或许可行，但不是现在。"

263　后记　莫失莫忘

推荐序 走进故事屋

杨翠（台湾东华大学华文文学系副教授）

逐页阅读《你的孩子不是你的孩子》，好像闯进一座故事的城堡。作者的文字清畅灵动，我依循书页的节奏与动线，走进一间间故事小屋，见证了一则则生命文本。

晓乐有很好的说故事能力。每个故事的开场，以一句去脉络化的话语，铺设一条时空甬道，让主角现身引路，点燃故事的灵魂，营造悬念，开启想象，抢夺你的目光，让你不由自主想要继续看下去。

作者的叙事策略，不见张牙舞爪，也没有虚文矫情，淡描实说，却高潮迭起，每一则读来，都让我不禁鼻酸。这就是晓乐的文字魅力：简洁、素朴、精确、有韵味，场景调度灵活，画面感、戏剧性饱满，营造出鲜活的临场感。

然而，晓乐高明的说故事能力，以及文字美学的展演功夫，都不是这本书真正动人的原因。《你的孩子不是你的孩子》让我们感到震动,是因为她掌握了故事本身的节奏与脉动。或者说,是因为她曾深深走进这些孩子的生命之中,与他们一同呼吸、一同吞吐这个世界的浊恶空气。正因为紧紧贴靠过这些生命文本,所以她可以听见青春生命的幽微哭泣,它演绎着苦闷、伤痛、畏怯、愤怒、欢喜、欲望和绝望。

晓乐家庭教师的身份,以及她的自省性格,让她得以听见这些故事,见证故事主角的人生恶斗;也正是家庭教师的身份,让她找到了一个独特的观察与叙说位置。家庭教师与一般教学工作者不同,他们是一对一的,是目的明确的(孩子成绩提升、考试亮眼);体制内的教育工作者,家长必须去讨好他们,但家庭教师不是,在家长心目中,你是我花钱请来的"契约劳工",随时被评鉴,随时被检验,也可以随时被换掉。

从某个角度来说,多数家庭教师是以执行家长的意志为目标;然而,实际上,家庭教师比较像一个中介者,他必须在父母与孩子间寻求最好的平衡点,才能顺利完成家教的使命,让孩子保持最佳状态,也让自己能够维持工作。

然而,家庭教师又不仅是一个中介者;中介者可以游移,可以将自己客观化,也可以随时抽身离去,但家庭教师很难如此。家庭教师的工作场域,是别人的家庭,他必须进入一个私领域,才能扮演中介的角色。书中,晓乐发现自己早已成为一个陌生家庭的介入者,她不知不觉地介入他者的生活、亲情、冲突,甚至还介入他们的秘密与伤痛。她也经常徘徊于主动介入与否的矛盾中：眼镜仔一再遭受亲情暴力，她挣扎许久，终究不曾挺身而出，自责不已；纪小弟被母亲夺去理想中的人生，她挺身而出，却被冷冷地揭露"你是局外人"的尴尬处境。

一个自觉与自省的家庭教师，必然会陷入"局外人／局内人"的困境，她会不断自问，我是要参与其间，还是要保持距离？晓乐正是这样的家庭教师，她对每一个受苦的生命主体，都不只是进入与离去而已，她不断徘徊于观察者与介入者、批判者与自省者之间，她的灵魂，也因而黏附了受苦者的伤痕。最后，这些故事，全都渗透她自身的灵魂。也因为渗透自身，这些故事才能打动我们。

这本书中的每一则故事，都是一场生命的恶斗。故事中重叠着故事，不只是孩子的，不只是母亲或父亲的，走笔最后，作者现身，诉说自己与母亲的故事。然而，作者其实早已现身，早已穿梭在字字句句之间，嵌入每则故事场景之中，渗透到每个孩子的呼吸与换气间隙。

书中的每个孩子，无论他们在世俗认定中是成功或失败，他们的生命，都烙印着奋战过后的伤痕。人生本来就是一场战斗，他们的奋战对象却都是至亲，特别是母亲。

这些故事里的母亲，形象各异，却都是以爱为名的刽子手。眼镜仔的母亲把他照顾得很好，但成绩一旦不如她意，就狂乱施加暴力；陈小乖的母亲自私冷漠，将孩子视为生命的负担，不愿回应他对母爱的渴求；若娃的母亲紧迫盯人，爱的照顾成为无法抛弃的沉重负荷；巧艺的母亲疲惫苍老，只为拼着命让女儿念私校；茉莉的母亲强势严厉，总是对女儿下指导棋；纪小弟的母亲以自己规划的目标和节奏，逼迫他照章学习；汉伟的母亲保护过度，强势介入孩子的学习与生命场域；高才生的母亲以否定代替赞美，逼迫女儿更上层楼。

每位母亲都用力过度，为孩子规划人生棋局，检视他们的落子方位与下棋节奏，母亲的意志，嵌入孩子的每一颗棋子之中，让他们沉甸甸难以举棋。书中的孩子，因而都有着哀伤的灵魂。眼镜仔在暴力下总是畏怯，他像一个无声的游魂。陈小乖更是让人不舍，他聪明、有序、理性、求知欲高、学习能力强、很会打理自己，然而，所有这些，都只是他换取母爱的路径，是他以高度意志力勉力维持的恐怖平衡。因为母亲的冷漠与疏离，他的内心有一个秘密、一个破洞、一个随时会引爆的 X 档案。最后，企求不到母爱的眷顾，他终于选择放弃自身，他说："我没有家了，这就是事实。"

若娃与陈小乖相同，都是既伤痛又温柔的孩子。陈小乖以张狂武装自己，其实默默收纳痛感，温柔守望母亲；而若娃则认识到，认定女儿有"多动症"，照顾生病的女儿，是母亲唯一的生命意义。因此，她宁可伪装生病，配合演出，为了守护母亲的生命价值，"我不能没有 ADHD"。

汉伟的故事，更让我低回不已。故事妈妈、导护妈妈、爱心妈妈，是小学常见的校园风景，母亲在教学场域的热情投入，仿佛燃烧的星星，照亮了每个小朋友。然而，剧本并非经常如此。有个"好母亲"，确实曾让汉伟感到骄傲，但时间并不长，"好母亲"变成魔怪，介入他与同侪之间，母亲炽热的爱，让汉伟沾染难以闻问的气息，成为友情的绝缘体，被世界放逐，终而自我放逐，"随便你""都可以"成了他的口头禅与人生注解。

这些母亲，甚至都不知何时丢失了自己的孩子。然而，晓乐并非意在建构"妖魔化"的母亲形象，她以一个介入者的温柔眼睛，穿透这些母亲的生命底蕴，悲悯她们身上来自父权家庭的长年未愈的伤痕，有的甚至还身处"伤痛进行时"之中。这些母亲，多数也曾经历各种轻视、疏忽、离弃、暴力、威迫，背负着这些伤痛，她们又被赋予看守孩子、教养孩子、决定孩子未来的所有责任。书中的许多母亲，总是担心着，如果没把孩子的成绩提高、选项变好、未来点亮，会让自己陷入被丈夫谴责、冷暴力、离弃的险境。

不曾被好好疼爱，所以也不知道如何去爱人。爱是一种能力，然而，爱的方式需要学习。有些爱，可以如练习曲，在一遍一遍的演练中，逐渐完备。然而，父母对孩子的爱，却不允许有练习，因为，至亲的爱虽然很牢固，但亲情的伤痛也很顽固，父母每一次错误的爱的试验，都可能给孩子烙下永恒的暗影，埋下随时会引爆的炸弹。

后记中的作者现身，让整本书萦回着更温暖的光色。有时我们会努力不够，有时我们会用力过度，但更多时候，我们可以放下姿态，寻求和解。就算绕过整个地球，亲情的微光，总还是会在密林幽深处，闪烁引路。你伤痕累累，但返乡不会无解。

自序 记得那些脸

吴晓乐

我们服膺一套教育方法,往往是因为这套方法教出了一个"成功"的小孩。坦白说,这样的想法其实很空洞,把小孩好的、坏的打包成一团,再归因于"父母的管教",不仅忽略了其个人特质,也忘了把他所处的环境纳入考量。

一样的教育方法,可能打造出一个世俗眼中的成功模范,也可能将一个小孩的天赋摧残殆尽,只是后者的情形没人关心,我们不喜欢失败的例子,只想倾听教育神话。

这些话不是我想的,是我的挚友、其中一篇故事的主角说的。

写书过程中,她的话反复在我脑海里盘旋。

在你看完这些故事后,也许会问,这些过程有无夸大不实的色彩?

很遗憾的,答案是——没有。更多时候,我受到的诱惑是:

把那些发生过的事,写得更正向、明亮且温暖,不妨将那些伤害淡化、舒缓吧。朋友说得没错,失败的例子太不讨喜了。

可是,我不能这么做。我记得那些脸,我记得他们的表情以及他们对我说过的话。若是为了取悦谁,而低估了那些伤害的施加以及承受,那我就是作为目击者,在做出不实的证言。这样,我会对不起那些伤痕,因为没人记得它们。

借朋友的话来说,以下我写的九篇故事:

没有一篇是普罗大众乐见的教育神话;

没有一篇看了会感到喜悦;

没有一篇看了心中不会乱糟糟的,甚至觉得烦。

然而,这些事情确实发生过。

不仅确实发生过,极可能仍在发生……

* 为了保护隐私,书中人名、绰号均为化名。

第 1 个家
人子与猫的孩子

他的反应,仿佛这场对话与他无关,他是局外人。

A frightened child

我很少想起眼镜仔。他是我的第三个学生,家住台北荣星花园附近。

说到眼镜仔,他整个人干干瘦瘦,捏不出几两肉,倒是戴了一副很笨重的眼镜。眼镜仔说,他近视已经七八百度了,医生曾恐吓他,再不控制一下,他长大后可能就要失明了。可是,眼镜仔控制不了,他每天都用眼过度。

随着年纪渐长,或许是出于对往事的怀恋,我常常想起最初的几个学生。

除了眼镜仔,对,就除了他。

这么多年过去,在回忆的长廊上,一一唱名我教过的学生时,我总忽略眼镜仔。想起他总是不愉快,甚至连"荣星花园"四个字,在记忆上也成了一种负担。

令我不愉快的,并非眼镜仔这孩子,相反我很喜欢他,但想起他，就无可避免地，必须同时面对在他背后，那些我无力处理的人事。

眼镜仔的妈妈，不妨称她小圆妈好了。她给人的印象就是圆滚滚的，脸圆手圆，身材也圆。初次见面，我就见识到她强势的作风。她语速很快，连珠炮似的朝我射来，说话时手腕的摆动幅度也非常大："老师，我跟你说，我这孩子就是笨，做什么事情就是慢，怎么教都教不会，之前的老师都放弃了。"她一抬眼，扳指一算，"你是他第十个还是第十一个家教。我跟他说，这次再没效，我就一个老师也不给他请了，放他自生自灭！"

我尚未接腔，她又急着开口："老师，我儿子如果不乖，或者题目写错，你就用力给他打下去，孩子有错，就是要教育，我不是那种小孩子被打就反应过度的妈妈。"

闻言，我知道不能再保持沉默了："但是，阿姨，我不打学生的。"

小圆妈的动作慢了下来，她从上到下，仔细打量我："我看你的资料，你才大学一年级，十八九岁对吧？你们这一代年轻人，听到体罚就皱眉，好像体罚是多残忍的一件事！"小圆妈哼了一声，嘴角扯出一抹冷笑，"会这样想，是因为你们欠缺教小孩的经验，以为轻声细语，爱的鼓励，小孩子就能乖乖向学，顺利进步了。事情绝对没有你们所想的这么简单，我提醒在先，你教过我儿子之后，我们再来讨论打不打小孩的问题。"

在小圆妈唇片翻动、口沫横飞的时候，我注意到一个诡异的景象——

　　从头到尾，眼镜仔只是静静地坐在一旁，弯腰驼背，近乎无声地呼吸着。他的四肢不长，又佝偻着身躯，整个人看起来更小了。他直盯着自家木桌上的纹理，始终没有抬起头来看我们一眼。

　　他的反应，仿佛这场对话与他无关，他是局外人。

　　结束与小圆妈的初步接触，我跟眼镜仔来到他的房间。

　　在我们打开试题本五分钟之后，他走入我内心最柔软的角落：我指出一个错误，那只是个非常细小、无关紧要的小瑕疵，他的反应却非常剧烈，肩膀很快地拱起来，背部连动地微弯成弓形，脸侧向与我相反的方向。

　　整个动作一气呵成，近乎条件反射。

　　我紧张地问："怎么了？"

　　"我以为你会打我。"

　　"我为什么要打你？"他的问题令我震惊不已。

　　"妈妈不是允许你了吗？"

　　"但我不也告诉过你妈妈，我不会打你吗？"

　　眼镜仔不置可否地抿了抿嘴，低头，右手捏着试题本，指甲陷了进去。

　　"妈妈跟之前的每一个家教建议，只要我犯错，就打下去；我再犯错，就再打下去。多打几次，我就会记得不要再犯相同的错了。"好像在说给自己听似的，他的声音越来越小，"不过……我好像真的很笨，被打这么多次，还是常犯一样的错。上一个家教是男的，打人很用力，我很怕他。他最后还是辞职了，他跟我妈抱怨：'我打你儿子打得都累了。'"

眼镜仔似乎想到什么，抖了一下，又说下去："那个家教走了之后，妈妈对我发飙很久，她说我很笨、很没用，没人愿意教我，害她必须一直找老师。"

他没再说话，把手放在膝盖上，上半身小小的。

"我不会打你，不管你错再多题。"

"真的吗？"他很淡漠，不怎么相信的样子，"之前有个女家教，好像跟你一样大，要么就比你大一点点，她也跟我说'我不会打你'，但是到最后……她还是气到忍不住了。她说：'你真的很笨，我没遇过像你这么不受教的学生。'老师，我跟你说，我妈是对的，我真的很笨，又迟缓。有一天，你也会受不了，想要打我的。"

他的头仍旧低垂着，我听见他的呼吸有些乱了。

我迟疑了一会儿，决定重申立场："我是真的、真的不会打你。"

"为什么？"

"我也是接受体罚长大的学生。"

眼镜仔微微抬起头来，看了我一眼，视线又急忙转向桌上的橡皮擦。

"我初中念重点班，理化老师是个一天到晚嚷嚷着要退休的老头，他基本上不教书了，只立下一个规矩，八十分，少一分就打一下。我有个单元真的搞不懂，考了六十一分，被打得死去活来。之后，我狂写、狂算题目，基测[1]时理化一题也没错。"

"你好强。"

"不，一点也不。上了高中之后，我的理化很烂。我很困惑，想了一段时间才明白，在过去，我读书是怕被老头打，自己本身其实没有读理化的乐趣，等到升上高中，没人打我了，我反而不晓得怎么读书。又因为老头的关系，我很讨厌理化这一科，一点也不想碰。"

看眼镜仔似懂非懂的模样，我补充道："用成绩来决定体罚，我觉得这是最不负责任的方法，当下或许呈现出不错的成果，但之后可能会制造出更多问题。"

他默默地听着，没有应声。

"所以，假设你考差了，我们就换个方法；你如果再考差了，我们就再换个方法。我不想打学生，打学生也代表我没有解决问题的诚意跟耐心。我想解决问题。"

"真的吗？"他看着我，我们的眼神有了交会。

我终于看清楚，他藏在厚厚镜片后面的眼睛其实又圆又亮。

*

在没有体罚的前提下，我得正视一个事实：眼镜仔教起来确

---

[1] 基测是台湾初中升高中的考试，类似于大陆的中考。——编者注（本书脚注如无特殊说明，皆为编者注）

实令人有些情绪。

一模一样的题型，也许前一分钟才耐心讲解完，他仍无法正确作答。更多时候，我已经极尽暗示之能事，只差没直接伸手指出答案了，他的思路却像是被谁猝然设了个路障，没办法再前进了。我又观察一阵，发现他对于"写下答案"这动作特别有心魔。

每一次，握着笔，就要写下答案了，他的眼睛开始骨碌碌地转，在空调恒温二十五摄氏度的室内，汗水大肆奔流。见他这么难过，我也跟着屏息，空气稀薄了起来，不由得抬手扇一扇。

也有几次，他的笔尖抵在纸面上，紧张不安的眼神频频向我送来。那眼神，像是在默读我心底的念头，也像是在预防我下一秒钟的动作。

经过几次心理的攻防，我忍不住开口了，请眼镜仔放过自己，也放过我。我告诉他："你不用紧张，你写错了，大不了我重新讲一次，我不会打你。"

他吞了吞口水："之前的老师都会盯着我看，一题一题跟，只要我写错了，他就马上拍我头，好几次，我的眼镜都被拍掉在桌子上。"

"是你先前提过的打你打得都累了的那个老师吗？"我在脑海里搜寻可疑人物。

"嗯。"眼镜仔维持平时的淡然，点了点头，"他是妈妈请的家教里面最贵的，补习班名师。他跟妈妈保证，没有他救不起来的学生，妈妈于是给他很高的时薪。一小时，好像是一千二百块吧,还常常加课,一个星期,可以上六小时。可是,我的成绩还是时好时坏,妈妈有时候受不了,会怪老师,老师跟着急起来,就一题一题地盯我,如果我写错,他会马上拍我头,或者拿热熔棒打我手心。"

"每一题?"

"对,那个老师坐得很近,这么近啊——"眼镜仔用手比画出距离,"他的视线会黏在我的考卷上,等我作答,只要我写错,完了,死定了。有一次,段考[1]前一天,他拿一张自己出的试卷给我做,我错的题超过一半,他非常、非常生气,铆起来打,拼命用热熔棒打我小腿,我很痛,可我不敢哭。"

"你妈妈知道那个老师打你打得这么凶吗?"

眼镜仔摇摇头。

"为什么不告诉你妈?那个老师叫你不能说吗?"

"不是。"

"那到底是为什么?"

"因为,"眼镜仔有点不自在,"老师打我,是我的错,我没有把题目做好。我跟妈妈说,妈妈只会更生气,搞不好也会打我一顿。"

我不禁怀疑:眼镜仔不是笨,也不是迟钝。

他不过是个吓坏的孩子。

---

[1] 台湾的学校会在一个学期内进行几次阶段性测试,称为段考。

平常讲解题目时，顺着题意一步一步进行拆解、推导，这过程他可以跟得很稳很好，此时进行口头提问，他也能答得很理想。然而，一旦面临把答案用铅笔誊上去的瞬间，他就像中了石化术，从头到脚僵硬起来。

过往的经验告诉他，一旦犯错，拳脚就会伸过来。所以，他在答题时，眼前仿佛有个看不见的关卡，他无法跨越这道关卡，反复质疑，踌躇再三。一场四十五分钟的考试，他可能浪费了三十分钟，只为了跨过一道"我可能会写错"的关卡。

真要给眼镜仔下一个结论，我会说，这孩子最大的问题在于缺乏信心。

他不相信犯错是件很寻常、没什么大不了的事情。

因为，过去的几任老师不给他犯错的空间。

他一点也不迟钝，只是被套上了重重枷锁，是以走得较常人忐忑，较常人戒慎，最终不免给人一种笨拙、迟钝的印象。但他并没有外界所料想的蠢笨。

*

模拟考成绩下来那天，台北细雨斜织。我站在门外，还来不及收好雨伞，就听到一阵急遽的脚步声，由远及近，小圆妈三步并作两步下楼，门被打开，她脸色有些古怪。我一进屋，她便紧紧跟在后头，一开口就是抱怨："唉，老师，我跟你说，这孩子真是没救了。我真想不通，我给他的读书环境这么好，为什么他就是没办法争气点？"

"考得很不理想吗？"

小圆妈说："我跟他父亲给他估计的理想PR值是九十三，他只考了八十三，PR值只有八十三。老师，你告诉我，在台北市，这样的成绩，哪一所明星高中要他？"

眼镜仔的PR值为八十三，简单说来，他的分数高于参与该次测验的约83％的学生。照理说，是很亮眼的成绩。但是，台北市的竞争确实很激烈，一个细微的差错，能上的学校就会下跌一到两个名次。

"老师你看，我都给他请名校的家教了，他还给我考成这样。"小圆妈的话中多少有怪罪我的意思。我习以为常了，这份职业，领的是他人眼红的时薪，雇主自然有一套"教学质量检测"的标准，最典型的，莫过于定期举行的段考、模拟考。若学生考不出亮眼的成绩，家长最直白的心态莫过于：那我砸大钱请你来做什么？

一步一步爬上楼梯。客厅里，眼镜仔站着。更精准的说法是，罚站着。

走进客厅，小圆妈不忘先给我倒杯茶水，同时也给自己的茶杯注入新茶。稍事休息之后，她把眼镜仔的成绩单取来，开始一科接着一科质问。

"数学为什么错了六道题？上次你才错三道。"

"你不是告诉我,这次社会[1]比较简单,却错了快十题?你真的努力了吗?"

"还有英文,从幼儿园就给你补英文,没办法拼一次满分?"

眼镜仔支支吾吾,涨红了脸,不知从何辩解。

小圆妈越说越激动,一个箭步上前,扫了眼镜仔两个耳光,清脆的巴掌声回响在客厅之中,伴随着高八度的谩骂:"你怎么可以这么不成材啊!你爸的同事都在问你准备得怎么样,我哪好意思说,我的儿子在台北市可能找不到好学校念。"

两个巴掌,我和眼镜仔都吓坏了。

他抬起头来,朝我的方向看了一眼,眼神中有惊讶与屈辱。但他很快就恢复到习惯的处理方式:垂下眼,拳头紧握,把视线交给地面,一动也不动。

小圆妈的嘶吼一拨接着一拨,她将许多陈年往事一一掏出来,内容俨然是眼镜仔截至十四岁的失败史,包括幼儿园老师对眼镜仔不怎么样的评价、失常的小学入学考以及不上不下的小学毕业成绩……完全不顾我这个外人在场,她径自开展清算式的数落。她忘了叫我坐下,也可能是故意的,总之我形同被罚站,跟眼镜仔一起站着听,感觉像是听了一辈子那么久。结束时,偷瞄一眼时钟,才不过半小时。

小圆妈困倦地坐回沙发上,朝我们挥了挥手,说:"老师,

---

[1] 社会是台湾基测的考试科目之一,考试内容涵盖地理、历史、公民与社会三个领域。

你可以上课了。"

我不想上课,倒是非常想逃,脑海中闪过一百个逃离现场的借口,但又一一删除那些选项。我心明眼亮,假若我此时开溜,眼镜仔的处境将变得更为艰难。

一同经历暴风雨的洗礼,我与眼镜仔之间,不免萌发出一种近似革命情感的牵绊。我非常、非常想离开,但我不能离开。

我走了就是背叛。

我几乎是硬着头皮,踏进眼镜仔的房间。他拖着脚步,跟在我身后。

桌上,课本摊开了一半。

我们分别坐了下来,彼此面色尴尬、动作生硬,仿佛这是我们第一次上课。

泪水在他的眼眶里打转,没有掉下来。他撑得很勉强。不在我的面前掉泪,似乎是他仅存的用以维护自己尊严的手段了。

为了填补我们之间的空白,我开始动起嘴巴。不过,我的声音有气无力,在同一页转了十分钟有余,好像鬼打墙,怎么也走不出去。眼镜仔很细心,察觉到我的失落,他突然转过身,面向我:"对不起,老师,我让你失望了,我真是太笨了。"

眼镜后的双眼,涨得红通通的。

我只能避重就轻地告诉他:"你不笨,PR 八十三,你已经做得很好了。"

我拍拍他的肩膀，沮丧得再也说不出话来。

那堂课结束得很苦涩。我们气色委顿，像是一起打了败仗的士兵。

临走时，小圆妈已经睡下了，眼镜仔的父亲去大陆出差，家里没有其他人，眼镜仔亲自送我到大门口。我出了门，转身回头，见他怯怯地躲在铁门后，声音细如蚊蚋："老师，对不起，请你别生气，也不要辞职。下一次，我会考好一点。"

*

下回授课，出乎意料，眼镜仔的家里多了一篮幼猫。五只眼睛欲睁未睁的小猫在篮子里钻动，像是迎着光源，又像是躲着光源，发出细小的呜咽声。眼镜仔和小圆妈守在篮子旁，密切注意它们的一举一动。

"这些猫咪怎么来的啊？"我好奇地问。

小圆妈说："社区不知道哪个缺德鬼，不给猫结扎，让母猫生出一窝小猫。这也就算了，好歹这些猫才出生没多久，竟把这些猫仔随便用个破纸箱装着，扔在路边。这几天，幸亏附近养猫的人家接力喂食，小猫都活下来了。不过，昨天下大雨，纸箱淋湿了，又皱又烂，我接儿子回家，路过时，看见它们缩成一团，冷得喵喵叫，觉得很可怜，干脆全部捡回家照顾了。"

我心底一暖，这与我平素对她的印象出入不小。

门铃响起,她下楼应门,是邻居太太。

邻居太太拿个塑料袋,走了进来:"这是我家咪咪之前吃剩的猫奶粉,我检查过,还没过期,应该够这些小猫撑个几餐。明天一早,我再去买一包。"

"谢谢,感激。不然我真不知道去哪里找这些。"

邻居太太蹲下来,细看那篮小猫:"真夭寿,瘦成这样。"

小圆妈也一起蹲了下来:"对啊,不知道最后能活几只。"

邻居太太简单讲解了一下喂食小猫的技巧,小圆妈听得非常专注,不时询问详情。

邻居太太赶着回去炒菜,待了一下就表示要离开。她走之后,小圆妈喂食幼猫的大业旋即开展。我看得出来,她非常紧张,屏气凝神、小心翼翼地把小家伙们一一捧在掌心。那些猫还很幼嫩,毛发又细又带点湿气。小圆妈以食指隔着棉巾,一点一点地微微按压,拭去小猫身上的水汽,过程中她的手指轻微地颤抖。

之后,她把小猫放在桌子上,两指轻轻撑住小猫的上半身,让小猫保持坐姿。奶嘴一就位,小猫的前肢就本能地扶上奶瓶,大口大口地喝,蓝绿色的眼珠散发出慵懒的柔光。在小圆妈温温的掌中,幼猫们吸食着温温的奶水,待小猫全数喂食完毕,小圆妈温柔地擦干它们的嘴角,轻手轻脚地放回她精心布置的窝,窝底下铺了电热毯,温度调整至三十摄氏度。

幼猫大部分时间都在睡觉,吃饱睡暖,五双眼睛一一合上。

眼镜仔和小圆妈歪着头，兴致高昂地注视着小猫，指指点点，有说有笑。

我退后一步，注视着小圆妈与眼镜仔，在这一刻，他们比任何时候都像一对母子。

猫的孩子不用读书，只需要好好地吃、安稳地睡。猫咪长大了，也没有人举办考试，给每一只猫测量 PR 值，检验它们的学习程度。所以，小圆妈可以这么温柔地疼爱一群和她没有血缘、不曾怀胎十月生下的小家伙。

*

教了三个月，虽然我跟眼镜仔的父亲不过打了几次照面，却也足够拼凑出这位父亲的轮廓。他在一家中型规模的传产公司[1]上班，从小职员做起，历经二十年的苦干实干，好不容易坐到总经理的位子。他习惯晚归，无论有没有加班、有没有应酬，最早也是九点到家。有一次他七点回到家，拿起一包鼓鼓的牛皮纸袋又匆匆出门，小圆妈注视着他的背影，眼中是深深的失落。

至于平常，一听到钥匙插入转动的声音，小圆妈就会像支火箭般从客厅冲出去，笑脸盈盈地站在玄关，给丈夫脱下外套，接

---

[1] 指包括工业、农业、第三产业在内的传统产业公司。

过他手上的公文包，柔声问："吃饱了没？""要不要给你放洗澡水？"

很可惜的是，伉俪情深的光景时效并不长，等到夫妻俩前后进入主卧室，氛围将大不相同。起初，只能偶尔捕捉到几缕窸窸窣窣、刻意压低的谈话声。不久，声音越来越大，即使隔着一堵墙壁，我和眼镜仔都听得清楚分明。

"你到底是怎么教小孩的，一个月跟我拿那么多钱，却连个儿子都搞不定？你知不知道，魏经理的女儿去年考上北一女，陈董的儿子今年也推甄[1]上清华大学[2]了，每次开会，谈到自己的儿子我就头痛，模拟考的 PR 值没一次过九十，在台北市区，能有什么好高中可以读？我跟你郑重警告，我不会让他去读那些没听过名字的学校。他没考好，干脆送他到美国。"

没隔几秒，小圆妈的尖叫传过来："送到美国？一个儿子养到十五岁，只因为高中没考好，你就要把他送去美国？你有没有想过，这样我就得一个人在家了？"

"你可不可以不要这么情绪化，看清楚一点好不好？台湾现在的竞争很激烈，未来会更激烈，你儿子的资质又不比人强，不早一点送出去培养一些外语能力，培养一些国际观，你再这样盲目地宠下去，非得等到我们的独生子日后在职场上被别人

---

[1] 台湾的高中生考普通大学，必须先参加大学学科能力测验，之后可利用此成绩报名推荐甄选（简称推甄）申请入学，类似大陆的自主招生。
[2] 指位于新竹市的台湾清华大学，前身是北京的清华学堂。

狠狠比下去，你这做妈的才甘心吗？只怕到那时，你放手也来不及了。"

讲课的音量终究无法盖过夫妻激昂的龃龉，我看着眼镜仔，想从他脸上瞧出一点端倪。

他看着课本，语气轻缓镇定："没关系，我早已习惯了。"

我没有多问，只是很难过，捏着他的肩膀，良久说不出话来。

"老师，我真的不介意啦，赶快来做下一题吧。"

*

大考的日子一步步逼近，经过几次模拟考，小圆妈的标准不是没有做过调整，PR 九十，PR 八十八，最终降到 PR 八十五，眼镜仔没有一次达标。小圆妈怒气冲冲，她说："我都降低标准了，为什么你还是做不到？"

她在我面前"算账"的情景越来越常上演。呼巴掌，拧手臂，用脚踢踹，情况越演越烈。有一次，我们课上到一半，小圆妈冲进房间对着眼镜仔破口大骂，只因她打了个电话给老师，关心眼镜仔近日的上学情况，老师诚实答以"容易分心"四个大字。

每一次，我只能站在那里，眼睁睁地看着眼镜仔挨揍。有时候，事情很快就结束了，一记拍头，小圆妈就把他交给我了。有时候，伤害的过程会久一点，他会被拧耳朵，拧到他的脸涨成猪肝色，小圆妈才甘愿放手，饶过他。

每一次，我鼓起勇气，几乎要站出去护着眼镜仔，到最后，仍是选择却步与退缩。

我混淆了自己的身份。说到底，我只是个一周提供两次教育服务的家教，还是说，我有更大的责任，必须积极阻止这一切？更糟糕的想法是，我怀疑小圆妈是故意打给我看的，谁叫我拒绝体罚。她故意挑在上课前，声嘶力竭地呼喊，动手动脚地演给我看，暗示我："看啊，你也没有多会教嘛。"

小圆妈是家庭主妇，又不喜外出，也不热衷社交，她能说心事的伙伴就那么两三个。她的存在价值，是肯定，还是否定，主要交由丈夫来决定。然而丈夫给的期望太沉重，她一个人难以承受，只得分流给眼镜仔，分流给我这个一周不过出现五小时的外人。每周时间一到，我无可回避地必须出现在这个家，她看到我，明白自己满涨的情绪将得到出口。

我、眼镜仔、小圆妈，我们三人不知不觉地掉进一条食物链，吊诡的是，位居食物链最上端的眼镜仔的父亲，一个星期拨给眼镜仔的时间，可能没有几小时。

*

有一天，小圆妈不打了。

她掩着脸，哭倒在沙发上："你不认真念书，你爸爸都不想回家了。他说，你是扶不起的阿斗，让他很失望，看到你就心烦。怎么办？爸爸不想回家了。"

眼镜仔不吭一声，走了过去，坐在母亲身边。

母子俩哭成一团。笼子内的小猫，被送走了三只，剩下两只，轻轻地喵喵叫。

我旁观着，心底清楚这一切的荒谬，这样温馨的光景没有太长的寿命，小圆妈会再度对眼镜仔动粗的，时间早晚而已。只要眼镜仔的父亲执着于儿子的成就，只要小圆妈持续把丈夫放在人生的第一顺位。她今天只是累了，明天会重振士气来鞭策眼镜仔的。

我辞职了。简言之，我背弃了与眼镜仔的诺言。

我再也忍受不了了。有多少个夜晚，我走过荣星花园，来到眼镜仔的家，心中布满灰色悲观的想法。按下门铃的那一刻，我的心又惶恐又颤抖，迎在前方的，又会是怎样的景象？

我无疑是以一种夹着尾巴的狼狈姿态，落荒而逃。

这也是我极少想起眼镜仔的原因。一想起就感到刺痛，想起他厚重镜框下那怯生生的眼神，想起他曾经给予的信赖，想起他挨揍后，反过来安慰我的敦厚。在我离开之后，小圆妈是否打得更凶了？她是否对儿子更绝望了？她能明白我辞职的理由吗？

最后，我很怕去想象的是，眼镜仔还在台湾吗？他是否已被送去一个全然陌生的国度？

*

眼镜仔住在透天厝[1]里，含顶楼共四层，他的书房和卧房是分开的，以住在台北市的小孩而言，他拥有很奢侈的生活空间。他上下学由小圆妈开名车接送，用很好的手机，书包是那种有伸缩把手的昂贵款式。他很难找到一套衣物、一双鞋子不是从百货公司买来的。

眼镜仔的父亲拥有良好的社会地位和经济条件，善于社交辞令，熟知商场进退的规矩，穿着要价不菲的手工西装和定制皮鞋。他只有眼镜仔这一个儿子，只要对眼镜仔的未来有助益，任何名目他都愿意投资。小圆妈外表雍容优雅，在外人面前说话轻声细语，她花很多时间栽培眼镜仔，定期通过电话和老师交流儿子近况，老师曾夸小圆妈是个十分尽责的好母亲。

眼镜仔每天的早餐必定有一瓶鸡精[2]和一只鸡蛋，吃完早餐后，小圆妈会递给他维生素、鱼油和钙片等，待他吃下了，她才安心带他去上课。

任何人见了，都会说眼镜仔的命很好，生活在很幸福的环境中。

他的父母好爱他，而他们的爱很正常。

---

[1] 通常指层数在两层以上、门户独立、产权独立、内部楼层可互通的独院住宅。
[2] 以台湾传统工艺熬制，萃取整只鸡的营养精华的滋补品。在台湾流行。

第 2 个家
一脉不相承

她偷偷希冀着,父亲待会儿就会走过来,对她说一句:好女儿,你也辛苦了。

Like mother like daughter

茉莉很小的时候就知道，母亲明玉的心是核桃。

如何在没有工具的前提下，取出核果，又维持核果的无伤呢？这是很大的智慧。

自小，茉莉一家就是村内瞩目的焦点。茉莉的父亲敏雄继承祖业，专营南北货，事业规模不小，地方上的人看见他，大都清楚他的身份来头。事业臻至高峰时，敏雄娶了一位来自台北的大小姐——明玉。婚后明玉给敏雄生了一对儿女，男的叫柏宥，女的叫茉莉，兄妹俩都遗传了明玉好看的脸蛋，五官精致、肤色白皙。

来自台北的明玉，对儿女的期待也有些不同。

兄妹俩不过五六岁，明玉即在他们耳边慎重表明："虽然我们住在台南，但是等到你们十五岁，哥哥要去台北考建中，妹妹去考北一女。兄妹俩一个穿卡其色的制服，一个穿绿色的制服，若是如此，做母亲的也就没有遗憾了。"

明玉说这些话时，有一种妖魅的氛围，像是在撒娇，也像是在许愿。她的眼神晶亮，小茉莉可以看见母亲眼中的小火焰，烧出熠熠的明暖。那时，小茉莉还不懂"北一女"这三个字，但已能辨识绿色，她猜北一女与绿色之间，笃定有什么魔法或者宿命般的联系。为了母亲，为了留住明玉眼中那道光的神采，她必须得到那颜色，那绿。

小茉莉上初中时，明玉定了成绩标准——九十分。少一分，打一下。考卷发下当日，就是论定赏罚的日子。像是世界上大部分的标准一样，这标准也不乏弹性，明玉心情好的时候，八十五分也能睁一只眼，闭一只眼。相反地，倘若不巧那天她心里有事，八十九分还是会被骂得狗血淋头。

柏宥的标准是八十分。

"为什么哥哥的标准比我低？"小茉莉如此问过。

"因为你是女生。"怕女儿不懂，明玉又加重语气，"记住这个道理，在这世上，女生表现九十分，跟男生表现八十分，在外人眼中是差不多的。更要紧的是，即使你可以表现出九十分，放在心底就好，在男人面前不要太骄傲。一旦你太强硬，压过男人的锋芒，就是自己把日子搞得很难过。"明玉的一席话，仿佛是药，更像是毒，注入茉莉的血液里，在她睡下的夜晚，绕着她周身奔流。

有一回，小茉莉数学不及格，考完她已经觉得不妙，等到考卷发下来时她更是吓得手脚发软。该死的是,那回考试失手的人不多,老师不给加分,无疑是给小茉莉判了死刑。回到家,她脸色发白,明玉跟她讨考卷,她颤抖着从书包里摸出那张纸呈给明玉。明玉见了,眉头一抬,一句话也没说,抄起电视柜旁的藤棍,一阵猛打。

小茉莉很早就懂得,疼痛是一种自己必须学会与之共处的事物。明玉打到十来下时,她已经不那么痛了。她两手撑地,跪在地上,背蜷得像虾米。她在等待,等待明玉打得手酸。茉莉不是第一天认识自己的母亲,明玉一旦拿起棍子,就很难放下,除非累了。

汗水滑进她的眼睛,她恍惚之间想起一件事,柏宥也考过一次五十八分,明玉只是念了两句,摸摸他的头催他快吃饭,吃完饭赶紧念书。她心里不由得酸酸的,掉下眼泪,跟汗水和在一起。

*

一天,远方来了一个人。

封实多年的核桃,微微地裂了缝。

那天是茉莉父母很得意的日子。柏宥考上了阳明山那所医科大学,茉莉考上了北一女。茉莉的父亲大手笔地办了二十几桌席,但凡常来茉莉家走动、泡茶聊天的,见者有份。整个场子,敏雄净是"柏宥""柏宥"地喊,一下子说"柏宥快点来这儿看这位阿姨",一下子又是"柏宥快来见这位议员叔叔"。茉莉考上北一女的喜悦,完全给柏宥考上医科大学的光环遮盖住了。

茉莉把眼前所有人事收入眼底,偷偷希冀着,父亲待会儿就会走过来,对她说一句:好女儿,你也辛苦了。只要父亲一句话,她就可以忘记过去七八年间,她拒绝的那些游玩邀请、被明玉没收的课外读物、被关在家里的寒暑假——当然,也包括她这七八年挨过的棍子。

只要父亲一句话,她的伤口会好的。

好不容易,熙来攘往中,父女的眼神对上了,聚光灯降临,茉莉屏住呼吸,最佳女主角的梦幻时刻,她已经背诵好台词,"不会的,爸爸,读书一点也不辛苦",脸上要挂着轻盈的微笑,语气务必温柔婉转。然后,父亲会说:"你真是个懂事的女儿。"

敏雄咧开嘴,对茉莉笑开一嘴黄牙:"茉莉,你快去妈妈的梳妆台上,把哥哥的成绩单拿来。邓叔叔来了,说不信有人的数学可以拿这么高分,他要眼见为实,我偏要叫他心服口服!"

像是有谁在胸口撒了盐,茉莉的心房心室瞬间萎缩了。

她吸了吸鼻子,上二楼,进房拿了成绩单要往回走,在楼梯转角撞到一个瘦瘦的人影。尽管楼梯光线不足,但是不影响香味的传递,茉莉闻到淡淡的香气,犹豫地唤了一声:"小阿姨?"记忆中,只有小阿姨有洒香水的雅兴。人影出了声:"茉莉,我找你找好久了。"

果然是小阿姨。

小阿姨是家族里的传奇,众人说起她总有点顾忌。传说她年轻时谈了一场刻骨铭心的恋爱,两人交往五六年,男方却娶了小阿姨最好的朋友。小阿姨没有说过男方一句坏话,只是她也没有结婚,在台湾的日商公司做了几年行政工作,存了一些钱,最终跑到日本长住,接一些翻译的工作,也出过几本居家整理的书,日子过得恬定优雅。

"小阿姨,你在找我啊?"茉莉有些受宠若惊。

"对啊,在楼下没看到你,你爸说你在二楼,我就亲自来看看啦。"小阿姨笑着祝贺,"茉莉,恭喜你啊,北一女不简单,这可是你妈妈的梦想。"

"啊?"茉莉困惑地抬起脸。

"你不知道?"小阿姨说,"你母亲从小到大都很会念书哟,初中读北二女,高中想考北一女,可惜失常了,分数让我爸,也就是你外公很失望。你母亲想重考,你外公不答应,说女生没有挑选的资格,没人把钱花在栽培女儿读书上。你外公给两条路走,看你妈要认命一点去念其他学校,还是趁年轻早点嫁人。你母亲也有些赌气吧,看一眼你爸的照片就点头了。幸好敏雄是个好人,算疼你妈,否则我也不知道事情会如何发展下去……"小阿姨迟疑了一下,偏着头,语气有些斟酌,"你母亲嘴里没说,但我猜她心底很怨吧,你外公太重男轻女了。"

越听到后头,茉莉的嘴巴张得越大。像是在未受到邀请的情况下，无意间踏入一座私人花园。花园和墙外的风景截然不同，里头有外人不知晓的枯荣。茉莉终于懂了绿的真实意义，懂了母亲每一次朝她大腿抽打的狠劲。茉莉也想起舅舅，那个让外公、外婆头疼得要命的儿子，大学重考三次才考上，快六年才毕业，堪比念医学系。毕业后，成天游手好闲，外婆看不过去，只好盘下一间杂货店让他做老板。

明玉很少在柏宥和茉莉面前提到自己唯一的弟弟。

不，明玉也很少提起自己婚前的情景。

茉莉翻遍了脑海，这才发现，自己对于母亲婚前种种一无所知。

明玉怎么不说呢？在成为母亲之前，她一定也有好多故事。

"倒是给我捡到了好运，哥哥不长进，你外公没理由拒绝我念大学了。"小阿姨轻松地笑了笑，下一秒，她敛起笑容，眉心皱起，"茉莉啊，不要怪你母亲对你们兄妹俩这般严苛，这是你母亲心底的死结，她自己也不好过。"

茉莉看着小阿姨，心中思索着这段话。

小阿姨见茉莉没有答话，上前握住她的手，细声叮咛："茉莉，到台北要小心身体。该花的地方不要省，书好好念，该玩的时候也不要辜负。我差不多要离开了，先下去找你母亲说话。"

她放开茉莉的手，转过身，往楼梯下了几步，又回过身，指指楼下灯火明亮处，要茉莉一起看。从她们的角度看下去，正好看见明玉搂着柏宥，和几位太太嬉笑着。明玉脸上的笑意是如此真挚。茉莉记忆中,母亲从没这样笑过,笑得如此好看大方。

茉莉站在阶梯上,心底难过,不想再往前。小阿姨没等她,自己下楼去了。

等小阿姨走远了,茉莉这才注意到自己口袋鼓鼓的。她伸手进口袋里一抓,是一个卷起来的红包,准是小阿姨刚刚塞进去的。

水汽浮上眼帘,茉莉再度吸了吸鼻子,装作没事地下楼,把柏宥的成绩单交给敏雄。

*

又三年,茉莉考进了台湾最好的大学。入学后,茉莉的成绩始终拔尖。刚升大四,一位张教授相中她,邀请她前往他的研究室,加入他的科研项目。茉莉是整间研究室里最年轻的面孔。

之后她考上研究所,张教授自然成了她的指导教授。张教授十分器重她,常夸她学习能力强、反应速度快,是他诸多重要研究的左右手。

茉莉的硕士论文写到七八成时,张教授把她叫去办公室,说有要事商量。

她手麻脚麻、诚惶诚恐地走进办公室,不晓得他有何打算。

张教授看到茉莉,心情显然不错,他双手交握,倒在舒适的沙发椅上:"我看你的论文进行得差不多了,剩下的都是一些增删修改的小事。茉莉,你将来有什么打算?有没有考虑去美国念博士?"

"美国念博士?"

张教授打开了一扇大门,里头是茉莉从未想过的世界。

"对啊,你跟在我身边也有两三年了,我看得出来,你的性格很沉稳,思考也很快,研究室其他学长、学姐都慢你几拍。你想的话,我可以帮你写推荐函。Y大学的教授是我的换帖兄弟,我们从高中认识到现在,只要我写一封信,这事至少就成功了一半。茉莉,你考虑一下,不用操心钱的事,美国学校多半提供奖学金,以你的能力,没问题的。"

跟张教授告别后,茉莉旋即买了张车票回台南老家。

敏雄没意见。明玉反对得很激烈:"不行,你千万不可以再往上读了。"

"为什么?我读硕士时,妈不是也很开心吗?"

"不是的。唉,你这孩子,怎么就是不懂呢?"

"那是怕美国学费太贵吗?张教授说,可以申请奖学金,下下之策就是去接点零工,妈,在美国生活,没想象中那样困难。"

再过几个月,柏宥就要结婚了,近日敏雄跟明玉为了儿子买新房、开诊所事宜,在几家银行之间忙得跟陀螺似的,茉莉只好往钱的方向去猜。

"真是钱的问题,就好处理了。唉……"明玉长吁一声,埋怨地瞅了茉莉一眼,"你还搞不清楚吗?你现在二十四岁了,再念上去,等你拿到博士,都快三十了。"

"三十又怎么了?"

明玉不耐地啐了一声:"你是在跟我装傻吗?谁要娶一个三十岁的女博士?"

茉莉一愣。

明玉拍拍她的肩膀,晓以大义道:"你赶紧把论文做个结束,快些回台南。我在帮你打听对象了,很不错的人选,台大医科的,大你八岁,在台北荣民总医院给人看病,听说看病很有耐心,病人都很喜欢他。这件事不能再拖了,人家父母很着急。我看过对方的照片了,头小小的,眼睛也小小的,鼻子还有点塌,但感觉是个顾家的老实人。"

在回台北的车上,半睡半醒之间,茉莉想起小阿姨,想起母亲的心结。

想得很深之后,她睡着了。

*

明玉口中的老实人,叫作永信。跟永信约会过几次后,茉莉很是气馁,与其说永信是个好脾气的人,不如说他很冷感。每回茉莉问:吃什么?今晚去哪儿?你喜欢我这件连衣裙的花色吗?永信一贯的回答是:都好。可以。还不错。

几次往返，茉莉觉得很累，不问了。

之后，只要跟永信出门，她便训练自己成为一个寡言的女人。

唯独在生物科学面前，茉莉才感受到永信的温度。永信订阅了很多自然期刊，他掩卷微笑的满足神情令茉莉印象深刻，甚至怀疑他对于其他生物的热情远胜过对人的。

茉莉曾向母亲表达对于嫁给永信的迟疑，明玉却一一反驳说，永信这样的表现最好，如此质朴静默的男子，婚后绝不会到处拈花惹草。

怕茉莉不甘心，明玉再补充道，永信的父母长居温哥华，茉莉嫁过去没有婆媳问题的苦恼。

茉莉于是嫁了。她不爱永信，但永信会是个好丈夫。

出嫁那天，明玉没有掉下一滴泪，她看着永信，满意地笑了又笑。

茉莉看着母亲，也没有掉泪。

婚后，茉莉搬去永信台北的公寓，没有出去工作。

明玉警告她："别再想什么工作赚钱的事，都嫁给医生了，还差你这一份薪水吗？永信年纪大了，你当前的任务就是安分地给他生一个孩子。"

茉莉确实不缺钱。永信每个月的薪水，扣掉汇给双亲的孝亲费和自己的基本开销，其余全数交给她，也从不过问她打理金钱的方式，相同地，他也不过问她成天在家的作息，只要他下班时冰箱里有吃食即可。单就此点，明玉当初的推论没有错，永信对妻子缺乏热情，往好的方面想，他可以给予妻子很大的空间。

茉莉于是开始了她人生中最缓慢的时光。

每天，她睡到日上三竿才起床，跳过早餐，炒碗饭打颗蛋权充午餐。看看预录的影视剧，漫不经心地打扫、拍灰尘。待日照偏移，不那么晒的时候，她便踩着包子鞋，懒懒地前去百货公司地下一楼的超市买菜。去时搭公交车，回程亦然——即使手上提着两大包肉品和蔬菜。

她会开车，但她不要，搭公交车也不是为了环保或省钱，她的时间太多了，需要一个效率不高的移动方式来延长整段购物时间。

公交车摇摇晃晃，令她想起研究室的奔忙，那时老觉得时间好少不够用。

下车，硬币哗啦啦掉入投币箱，她才醒来，提醒自己，如今是医生的妻子了。

缓慢时光在婆婆滑了一跤后画上句点。

卖场员工拖好地，忘记放上告示牌，婆婆滑了一跤，伤到了脊椎。卖场经营者很有诚意，婆婆得到了一笔优厚的赔偿。照理说，请个看护帮忙照看两三个月，事情就可以圆满落幕了。但永信不放心，要茉莉飞去加拿大亲自看看。

茉莉很别扭，和婆婆相处不满二十四小时，就得协助她盥洗，等她如厕完给她提裤子。由于婆婆行动不便，二老又吃惯了中式料理，茉莉得早起挑鱼选肉，想菜单花色。

夜晚，茉莉懊恼得睡不着，偷偷地倒数归程。没料着，婆婆病愈了，自己却验出怀孕两个月。公婆很开心，叫她想办法留在加拿大待产，好让小孩拿身份。

永信也很乐见这个安排，要茉莉听公婆的话。

茉莉在加拿大生下一个女儿。初见婴儿，皱巴巴的，一团紫紫的肉，看起来一点也不可爱，还有些吓人。护士抱走婴儿，不知是怎么给她洗的，抱回来时，一身柔嫩薄透的肌肤，瞬间变成可爱的娃娃。抱着女儿的那一刻，茉莉哭了，觉得好神奇。

可惜永信不在场。他说医院很忙，叫茉莉自己带女儿回台湾。

*

女儿小叶是个很奇特的婴儿，很少哭闹，醒来的时候，静静地躺在自己的婴儿床上，脸抬得高高的，看着天花板。婆婆对于这样安静的婴儿感到不安，直说永信出生时，爱哭闹又好动，要茉莉带女儿去检查。茉莉带去给医生看，医生反笑她多心。

茉莉索性嗯嗯啊啊地回应婆婆的一切问题。婆婆不甘示弱，很快地发展出新的招数，三餐叮咛茉莉："你回台湾后，要赶紧给永信添一个儿子。叶家一脉单传，永信他爸是独子，永信自己也是独子，叶家的香火不能就这样断了……"

小叶两个月大的时候，茉莉抱着她跳上飞机，逃回台湾。

在机场，永信与女儿初次见面，他接过小叶，上下端详了一会儿，又平静地交给茉莉，转身往停车位走去。茉莉有些失落，她安慰自己，永信还需要一点时间。

小叶大了一点，母亲跟婆婆不时打电话来，追问小叶的成长进度，还不忘下指导棋。

"宝宝会坐着了吗？"

"她开口说话了吗？她第一句话说什么？"

"你不可以偷偷退奶哦，宝宝喝母乳，长大才会聪明。"

"你有没有打碎小鱼干喂她吃，或者鱼油？吃鱼的小孩念书比较行。"

这两位母亲的共通点是，她们都教出了一位医生儿子，对于自己的育儿方法有种常人无法理解的自信，非要茉莉遵照她们的指示不可；至于她们理念不同之处，便成了战场，茉莉被困在中间，成了夹心饼干。不知道从什么时候起，茉莉习惯在深夜躲进厕所哭，她咬自己的手以抑制哭声。她不能吵醒小叶和永信。

哭得头晕眼花时，研究室的情景反而变得很清晰，那个空间有一种稳定的逻辑和秩序，她在其中可以找到归属感，可以确定自己是一分子。可是当前的生活令她挫败，她无法归纳出另一种逻辑与秩序。在女儿、媳妇与母亲的角色之中，她不知道自己是谁。

茉莉的手满是齿痕，但永信没有看到。

回台后，丈夫嫌小叶半夜会哭，抱着枕头、棉被跑去书房睡了。

性的方面,她问过几次,可是永信不想。久而久之,她便不再开口,事情自然也不再发生。

小叶又长大了些,能自己大小便、进食,睡眠习性也稳定下来。

茉莉多出一些私人时间,可以多睡一点,她变得多梦,梦的内容很雷同。

是那个下午。

熟悉的办公室里,张教授坐在那张看起来很温暖的桧木办公桌边,双手轻松地往后放,支撑自己的重量。在他身后是大片的玻璃窗,窗帘拉起一半,午后的阳光透进来。

茉莉不得不眯起眼睛看着张教授,她以一种几乎是告解的口吻诉说:"教授,我不打算念博士了,仔细想了一下,我的学术热情好像不足以支撑我再走下去,请您不要生气。"

张教授看着茉莉,眼神复杂难解:"茉莉,我懂的,我懂你的苦衷,但是,我希望你明白一件事情,只要你愿意……"他轻轻地叹了口气,"你的成就不止如此。"

只要你愿意——你的成就不止如此。

梦境一到这里,她就会浑身冷汗地惊醒,醒来第一件事就是找小叶。找到小叶之后,茉莉会抱起她,发出咿咿呀呀的声音,抚摸她粉嫩的小拳头,她晶亮的双眼看着茉莉,好像茉莉是全世界她最爱的人。茉莉深吸一口气,告诉自己,她不后悔,她选择了最好的道路。

*

小叶三岁了，开始上幼儿园。

此时，永信要求茉莉带着小叶，陪同出席他与友人的聚餐，茉莉私底下称之为"医生会"，成员多是永信的同学，有些是学长学弟。毕业后，他们遍布台湾各地，有的落脚大型医院，也有的选择自行开间小诊所。每两三个月，他们就相约一次。地点多半选在酒店里的餐厅，隐秘性够，餐点还算理想。

医生有他们圈内的主题，诸如最近的医疗技术与器材、期刊论文、不同体系的作风及全民健康保险的问题，等等。茉莉没很认真听，那不是她该关心的，她有自己的仗要打。

那群医生的太太，世俗所称的"先生娘"，也有她们圈内的主题。这群女子，她们的人生脉络有些类似，例如，和医生结婚后，她们多半没再工作，全心投入相夫教子的生活。

茉莉起初对于认识一群新朋友感到新奇，几次聚会下来，她很快失去了兴致。她没办法融入这个小圈子，这些女人的话题排行榜，第一名永远是"如何栽培自己的小孩"。医生的社会、经济地位高，社会自然对医生的下一代格外关注。

茉莉是里头学历最高的，这些女人慎重地询问她：

"你打算给小叶申请提早入学吗？"

"小叶做过智商测验吗？"

"你在家里会试着跟小叶用英文对话吗？"

也有不识相的问题:"茉莉,你还有生第二胎的打算吗?"

这还不是最糟糕的。最糟糕的处境是,有些太太心中早已有了预设立场,和茉莉不过几面之缘,便一团火似的扑过来,亲昵地揉着她的臂膀:"我跟你说,我之前也是要拼生男,抓了好几帖'包生男'的中药,结果老二还是女孩,最后朋友推荐,说万芳那里有一间不孕症中心,有个医生专门给人做'精虫分离术',很有效,我家小宝就是这样来的,你要不要试试看?我这里有他的电话。"

茉莉拜托永信,可不可以不要再参加"医生会"。

永信拒绝了,他有些动怒:"你跟小叶不去,大家会以为我们怎么了。"

*

小叶一日一日长大,她的一些特征也一日一日明显。她完全不是个讨人喜欢的孩子,她很安静,有些太安静了。见到认识的人,也不打招呼,更不会像同龄的孩子那样,喜爱伸出双手双脚丈量这世界的长宽。小叶喜欢据着一方桌角,随手抓一张纸就埋头画画。菜单是很好的材料,纸页光滑,落笔顺畅。有一次,纸画到没有余白了,她并不气馁,把创作的版图往墙壁上扩张。茉莉睡醒时,看到整片惨不忍睹的墙壁,底下还写了一行"4+4=8"。

茉莉怔了，倏地掉进回忆的长河。

那时她才上小学四五年级吧，考了第一名。老师送了一盒蜡笔，说是日本进口的，很宝贵。全班的眼球都粘在那盒蜡笔上，茉莉颤抖着双手，从老师手上接过那盒蜡笔。放学钟响，她兴奋地冲回家。柏宥不在，明玉去买菜了，茉莉有些孤单。她从抽屉里翻出旧报纸，开始画，涂得太激动了，蜡笔数度滚出纸张，在饭桌上留下蜡痕。明玉提着两塑料袋的菜回家，看到饭桌被弄得脏兮兮的，气得发抖，扔下塑料袋，先甩茉莉一个巴掌，再痛打一顿。

"你不读书，给我画这什么五四三的。"明玉的话言犹在耳。

此时此刻，茉莉站在墙的前面，觉得自己像个母亲，也像个女儿。她的心思千回百转，好多念头缠卷在一起。她先拍下女儿的杰作，之后打了一通电话，预约粉刷墙壁的工人。

她没有叱责小叶。

相反地，她告诉小叶："你真是我的小天才。"

这么多年过去，茉莉经常从电脑中调出那张照片。小叶的画作不是单纯的模仿，她笔下的一些生物，她甚至没有亲眼见过。看了很久，茉莉才懂，她不是在画众人眼中的世界，只是忠实地"转译"她内心的世界。云朵和木屋的比例混乱了些，太阳很大一颗，好多只小狗与小鸟，还有茉莉辨认不出的小动物，它们全都聚在一起。

远在温哥华的婆婆曾多次遥控,要茉莉带小叶去挂自闭症的门诊。

婆婆直言,小叶太"深沉"了,整天安安静静,一双眼睛看来看去,也不知道在想些什么,这样的小孩子长大之后个性会有偏差。

婆婆提了这么多次,茉莉不是没有动摇过,也曾跟着怀疑小叶生病了。

小叶内向、寡言,不喜欢与外人有肢体上的接触,讨厌拥挤的环境,她有多次在游乐园和游泳池大哭的经历。在教室里,她坐在最不起眼的位置,幼儿园上了三年,只交了一个不知道算不算朋友的"朋友",小叶要走时那小女生会挥手说再见。

她的确不像一般的小孩子。

然而,她的画驱走了茉莉的不安。活泼的用色、圆融的线条,处处透露出一个信息,这则信息令茉莉放下了长期以来的担忧:小叶没有生病,她只是表达情感的方式跟世界上多数人不同。

*

小叶上小学那年,永信的双亲卷入一宗官司,茉莉无从得知详情,只知道永信按月转去加拿大的钱得加倍。茉莉不平,认为永信的两个妹妹也该分担这笔损失。

"凭什么我们要负担全额?当我们这小家庭是神仙,吃空气就能存活吗?"

茉莉第一次对永信大声说话,她急了,这笔钱不是小数目,也不知道汇去的用途。茉莉的言语尖锐起来,永信也动了气,站起身大吼:"我是老大,又是做医生的。大妹是家庭主妇,小妹一个月收入不过三四万,怎么能叫她们帮忙负担?"

茉莉看着永信,没有说话。

永信见茉莉没有回嘴,以为自己占了上风:"再说了,这些钱都是我赚的,我一个月要给父母多少钱,是你可以插嘴的吗?"

茉莉转身离开现场,把自己关进书房。她软跪在地上,思绪凌乱。

在书房的地板上躺了一整晚,天亮时茉莉下定决心,她要出去工作,赚自己的钱。她想起一个人,那是研究室的学姐,两人感情一度很好,茉莉结婚后才淡了联络。她拿起话筒,凭着记忆按下十个数字,等待接通时,她可以听到自己急促的心跳声。

这通电话改变了茉莉的命运。

学姐跟友人新创了一家公司,主打替代能源,手边正缺人才。学姐给茉莉引介了一个职位。茉莉很珍惜学姐的牵线,她一头栽进这份工作。不出几年,她慢慢深入公司的决策中心,股票、红利和奖金加起来,收入非常可观。

跟茉莉薪水成反比的,是她与永信的互动。不知何时起,永信竟会闪躲茉莉的眼神,窝在书房的时间长了,周末的球约多了。他也不再坚持茉莉得跑"医生会"了,他不说日期,自己轻手轻脚地出门赴约。茉莉试着放低身段，主动示好，永信却不领情。

*

小叶十一岁时，有段小插曲。

明玉上台北来，忘了是参加谁的告别式，剩了一些时间，就顺便来看看茉莉。把母亲接进门，茉莉的眼皮止不住地跳，有种不祥的预感。

她给母亲拿拖鞋，送茶，端水果，以招待客人的心态招待自己的母亲。

明玉问了一些天气阴晴的问题，茉莉答得有些心不在焉，她的视线无法抑制地往时钟飘去。她看得出来，母亲的心里如今又藏了一颗核桃，里头有核果，然而茉莉手中没有工具，她也不想再走进母亲心中的花园。

北一女。

台大医科的丈夫。

够了，她做得实在够多了。

四点半刚过，明玉放下茶杯，站起身，理了理裙摆，说不早了，该走了。茉莉抑制着内心的雀跃，一跃而起，进厨房，冰箱开开关关，塞了一些补品在母亲袋子里。

明玉清了清嗓子："茉莉，我有事情要和你商量。"

茉莉的寒毛一根根站了起来。都坐三望四了，哪怕事业做得再大，她仍旧没有长进多少，仍是那个捏着成绩单、等待棍棒落下的小女孩。

明玉无视茉莉惨白的脸色，自顾自地开口："我给你打听到，永康那里有个看诊快四十年的中医，他们家有一帖祖传包生秘方。住我们家对面那个徐阿姨，媳妇嫁来三年还孵不出半颗鸽子蛋。服药才三个月，就中了一对龙凤胎。"

"妈，你说这个是要干什么？"

"你不可以只生一个。一来，小叶是女的；二来，她的成绩太烂了。我真想不通，一个是台大硕士，一个是台大医科，照理说，小孩会遗传到父母的智商。怎么小叶这么笨？我是怎么教你的，你关心过她的功课吗？"

茉莉握紧双拳，她为自己，更为女儿辩护："小叶的成绩或许不是顶尖，但也没有差到哪里去。况且，这几年永信的爸妈也很少过问了，他们该是不介意孙子的事了。"

明玉冷冷地扫了茉莉一眼："你的公婆没有找你麻烦，不是因为他们放下了，而是他们先前给你们添过麻烦，不好意思再说些什么。只是人家没说，不表示你可以装傻。我看你这几年，满心满眼都是公司，小叶的成绩你放着让它烂，生儿子的事也没放在心上。你做人家妻子的，眼中还有这个家吗？你不如辞掉工作，回归家庭，想清楚自己的本分跟责任。"

"妈，我的事，我会处理，你不用操心。"

明玉不理茉莉的抗议，加重语气说道："简茉莉，我是你的母亲,我得承担管教你的责任。我不想听到别人在我背后嘲笑我,说我教出一个不懂人情事理的媳妇。"

*

茉莉说到这里的时候,我来到叶家已有一年了。

我跟她就读同一所大学,她对我格外亲切,课程结束后,她会留下我用餐。小叶的父亲很少回家用晚餐,她说有我的参与,母女俩的晚餐会多些人气。

晚餐结束后,小叶会跑去用电脑看动画,或是溜进房间画图,桌边只剩下我和茉莉。这时,茉莉会漫不经心地跟我闲聊起她自己的事。像是拼图一般,每个星期得到一块两块,长期累积下来,已足够我拼出茉莉五六成的过去。

我在聆听时,非但不觉得无趣,相反地,我对于茉莉与她母亲之间的纠葛着迷不已。

我又待了几个月,故事的重心慢慢偏移到小叶身上。

"六年级下学期第一次段考,小叶考到全班第三名,我打电话告诉丈夫,他很高兴。小叶之前最好的名次,也不过是第八、第九。那晚他订了高级西餐厅,七点准时到家带我们母女去用餐。三个人,点了四千多元,包括一支香槟,我丈夫点的。我很讶异,他很少喝含酒精的饮料,那晚却点了香槟,他说想放松,好好庆祝一下……"

茉莉停了下来，她的脸上浮现如梦似幻的表情，她笑了一下，说道："我很喜欢那晚的永信，香槟使他整个人变得很亲切。结婚这么多年，我第一次看见这样的丈夫，堆满笑容，很温暖。他不停地夸奖小叶，说小叶不愧是他的女儿，他以前考试都拿前三名。"茉莉换了个姿势，把重心放在右脚，"现在想起来，反而觉得有些悲哀，我丈夫对女儿的爱是有条件的。"

她往厨房瞥了一眼，锅内的水即将沸腾。

今晚喝的是罗宋汤，材料准备好了，块状的牛肉、切丁的萝卜和马铃薯，西红柿先用热水烫过再去皮，有的切丁，有的打成糊。

"老师，跟你说个秘密。孩子的爸爸也不知道的秘密。"

"啊？"从虚掩的门缝中，我看见小叶低着头做数学习题的身影，拿着铅笔努力地涂啊涂的。小叶的第三次模拟考要到了，她专注的神情好可爱，我不自觉地露出微笑。

"那一次考试——小叶作弊啊。"

水彻底沸腾了，传出隐隐的啵啵声。茉莉转过身，走进厨房，弯腰调整火候，从橱柜里取出香辛料，整齐地摆放在流理台上。

茉莉背对着我，接着说下去："小叶那一次的数学、自然进步了好多好多，我太开心了，没有去细想是为什么。倒是小叶的老师注意到了，小叶这两科的分数和坐在她隔壁的副班长的一样。老师调出他们两个人的考卷来比对，错误的题目完全重叠……"

茉莉顿了一下,要说出这些对她而言并不容易:"老师把副班长叫过去,要查明真相,对方说,是小叶主动提议的。五百元,小叶给他五百元,他把数学、自然的答案给她抄。老师又问,那五百元呢?副班长说,拿去买战斗卡片了。老师,你听过'游戏王'吗?那是什么?几张卡片也能卖得这么贵?"

我大略解释了一下,其间难免心虚地侧身多看了一眼。小叶还在算数学题。

她没有发现我们正在讨论她的事。

"现在想一想,能够遇到那种老师,小叶实在很有福气。"

根据茉莉的记忆,那位老师是这样说的:"一般考试违规的个案,得先通报校方,该名学生会受到记过处分,违规科目也会以零分计算。可是……小叶快毕业了,我有个私心,希望她可以没有阴影地离开这所小学。虽然对其他同学不是很公平,但我不打算以体制内的方式解决,也就是说,我不会通报训导处,校方那边不会知情。"

茉莉握紧话筒,感激地一再道谢。

"小叶的数学是我教的,我会改登记为六十分,自然那科我再跟自然老师商量一下。副班长我已经把他调去外扫区服务一个月,五百元的事我们再来讨论。"

老师停了一下,声音更小了:"还有啊——小叶的惩处,我交给你处理了哦。她很敏感,我又是老师,她一天要看到我那么多次。若由我来处理,不保证不会留下后遗症。我不希望事情变成这样,我说过了,还有不到半年小叶就要毕业了……"

她们窸窸窣窣地交谈,仿佛一场密谋。在公平与正义的天平面前,她们不再放下或拿走砝码,有些事情是压根不能拿来衡量的,比如孩子。

"事情的经过就是这样。"说完,茉莉双手一摊。

"这位老师处理的手法很细腻,我很少听说这么认真的老师。"我说。

"没错,小叶毕业典礼时,我和她聊了一下,小小只,眼睛大大的,很热情的一个人。"

"阿姨最初听到小叶作弊时,有什么感觉?"

"当然是生气啊,我快气疯了!"茉莉睁大眼睛看着我。

"不过,除了生气之外……"茉莉的视线从我的脸上飘走,过了一阵子,她才慢慢地说道,"我也觉得厌恶和羞耻。从小到大,我成绩最烂也有前五名,我只相信自己的答案。作弊?我根本没想过。我以前认为作弊的人很可耻,不想读书没关系,但作弊就表示你想不劳而获,这种心态是我最看不起的。问题是,这次作弊的不是别人,是小叶,是我看了这么多年的女儿,我根本不可能用这些字眼去形容她。"

茉莉深吐出一口气,嘴角绽放苦涩的微笑。

"等到生气、厌恶与羞耻结束后,我才觉得伤心。我是真的很伤心，我伤心的理由，不完全是小叶作弊，我的伤心有部分是因为，我无法接受有这么一天，小叶对我撒谎了，一直以来，我以为我们母女之间是没有秘密的。"

放回话筒，整个夜晚，茉莉专心地想一个问题：小叶是什么时候学会说谎的？小学四年级以前，历任老师给小叶的评价都很类似，不外乎是"品行善良、敦厚乖巧"。从何时起，这个"品行善良、敦厚乖巧"的孩子，会跑去用五百块唆使别人帮她作弊呢？

茉莉想不到答案，这个答案在小叶身上。

*

隔天，她接小叶回家吃饭。那天晚餐很丰盛，除了主餐，茉莉还去了附近新开的甜点专卖店，买了一个德式烤布丁和一个限量草莓奶油蛋糕。

用过晚餐之后，小叶一边享用甜点，一边跟茉莉分享她的近况。小叶很关心即将到来的毕业典礼，她跟茉莉提到六年级练唱毕业歌曲的盛况、班上近日氛围的转变以及自己心态上的不同，等等。

茉莉专注地听着，去上班之后，她已经好久没有认真听小叶说话了，小叶也很久没说这么多话了。

小叶说完之后，换茉莉开口："小叶，你是不是有事情没有告诉妈妈？"

"啊？"小叶尚未意会过来。

"跟成绩有关的事情。"

小叶一动也不动,身体一僵,接着开始发抖。

"你这次段考的事,妈妈已经知道了。"

小叶的唇齿止不住地颤抖,很快地,眼泪一颗一颗地滚落脸颊:"我不是故意要作弊的……我只是希望大家都开心而已……"

她哭红了脸,结结巴巴地说道:"我偷听到你跟朋友打电话,说外婆觉得我很笨,怎样都考不到前十名,不像是你和爸爸的小孩。我害你被外婆骂了对不对?"

"天啊!小叶你听到了?"

茉莉的心紧揪成一团。

最该认错、道歉的人,不是小叶,小叶不是坏小孩。

她作弊的出发点,是偷听到母亲的电话,想证明自己是这对父母的小孩。

茉莉的心中充满懊悔:"小叶,对不起,是我错了,妈妈忘记告诉你,你之前的名次很好了,那也是你努力的成果。是我不好,我不该受到外婆言语的干扰。"

说着说着,茉莉的情绪也有些激动:"小叶,你是妈妈最爱的宝贝,你很好,你是我生的,没有人可以说你不像我的小孩。你懂吗?"

小叶点了点头,双眼含泪,似懂非懂地看着母亲。

永信回家时，看到眼红鼻红的一对母女，皱了皱眉，没有多问。

下一次段考，小叶被打回原形，退到十名外。永信知情之后，态度恢复冷漠。

茉莉不以为意，依然带小叶去餐厅庆祝。

*

小叶升上初中后，成绩在十一到二十名之间徘徊。一年级课程结束后，茉莉思量了半个月，决定停掉小叶全部的补习班课程，改请家教，这也是我出现在小叶家的原因。

我是出现在小叶家的第一个家教。

第一次见面，茉莉跟我解释，为什么她要找家教："我们住的区域算是明星学区，也是补习班的一级战场，台北市优秀的学生净往这里集中，老师也习惯把每个学生当成资优生来教。小叶不是特别聪明的学生，她去补习班只会越来越自卑。"

在小叶眼中，我是一位老师，但在茉莉眼中，我有其他角色要担任。

茉莉，这个我学生的母亲，我认识她时，她刚满四十岁。四十岁，不惑之年，比起规划未来，茉莉更想花时间厘清过去的一些事件。简单来说，她想说故事，她需要一个听故事的人。这时，在她的生活中走入一个年纪只有她的一半、对人事有些懵懂，又具备好奇心的女生。

以听故事的角色而言，没有更好的人选了。

我心底雪亮，茉莉的叙述极可能失去部分客观，回避掉某些场景，或者放大某些对白的情绪。最极端的情况是，她隐瞒了一些过程，或者捏造了一些情节。我都可以谅解，我也应该谅解。因为，叙说的同时，茉莉也在试着诠释，她在给自己不同的生命进程下定义。

小叶是个客气明理的孩子，我给她安排五十分的作业，她就写五十分的；给她安排六十分的作业，她就写六十分的，不特别认真，也不特别怠惰，是个中规中矩的好孩子。相处起来不多话，挺安静的，只是她的眼神会告诉你，你说的话，她都在听。

只要我一个不注意，她又会趴在桌子上开始涂鸦，在没人打扰的前提下，她可以画上一整个下午。小叶的课本和讲义上爬满了小动物与食物，偶尔水果长出手脚来，偶尔动物穿着正式的服装闲话家常。我喜欢看着她构图，深受她的童趣吸引。

我问过小叶："画图技巧是跟谁学的？"

"自己看书学的。"

"它们的说话内容呢？又是从哪里看来的？"

"自己想的。"小叶笑眯眯地回答我。

我跟小叶相处了两年，茉莉没有给我什么标准，确定小叶跟上进度即可。小叶有一次考了第四名，我和茉莉很惊喜，下一次她考第十名，茉莉也只是笑了笑，没多说什么。

我在茉莉家的日子总是很愉快，愉快得不像是去工作。

*

小叶快要考基测的前几天下午，茉莉正好在我的大学附近见客户，她约我吃下午茶。我们说了一些小叶的事，更多时候，我们讨论茉莉过去的事，我很熟悉这样的比例。

但是那一天，茉莉有些不同，她的语速很慢，不时停下来看着我，像在斟酌些什么。

"小叶要升上高中了，以后你也不会一个星期来我们家两次了。"

我点点头，嗅到离别的感伤。

完成阶段性任务后，家教最后的工作就是好好地说再见。

不同的是，我舍不得小叶，更舍不得茉莉。

"有些感触，我想跟你分享，你就当作是我的唠叨吧。"

"阿姨请说。"

茉莉停了下来，拿起一个司康，抹上黑醋栗果酱，咬了一口，咀嚼了几下。没多久，她放下司康，有些激动地开口："小叶是我唯一的小孩，说来讽刺，我们最快乐的日子，或许是我怀她的十个月，那时我什么也没想，只祈祷她健康平安。"

我点点头，母亲也对我说过类似的话。

"小叶出生后，我们都很辛苦，我有我的压力，她有她的。

小叶一天一天长大，外界对她的期待越来越多，我不能置之不管，只好勉强她去迎合他们的眼光。有时候，我会想，是不是世界上没别人，只剩下我们两个，我才能好好爱她？小叶五年级时，自己说要去上美术课，我明知她有这方面的天分，也对画画有兴趣，但生怕耽误她的课业，劝她改上资优数学。小叶答应了，我却高兴不起来，心底有些空空的。小叶去上资优数学的第一天，她下车走进补习班，我看着她的背影，好像看到自己。为了让母亲安心，我没有念博士，嫁人做家庭主妇。小叶也是，她为了让我开心，放弃美术课，去补她没有兴趣的数学。"

茉莉静下来，喝光杯中的红茶。

我拿起茶壶，倒了一杯新的给她，茉莉点头致意，继续说下去："我想保护自己的女儿，但这很难，有时候我不够勇敢，也会跟着别人一起伤害她。小叶作弊那件事，我到现在还是不太能原谅自己。小叶有一点遗传到我，我们都是为了取悦母亲宁愿委屈自己的人，可是，我不想要她成为第二个我，那很痛苦，有太多不必要的执着，到我这一代该结束了，小叶有她自己的人生。她要考高中了，我的母亲、婆婆和永信很渴望她考上北一女，至少中山女中。我没有。我告诉她，你尽到努力最重要，不要管他们怎么说，我会支持你。"

茉莉看向窗外，右手揉搓左手的指节，眼眶些微泛红。

我看见一个在女儿、妻子、母亲与媳妇各个角色中，反复取舍比例的女人。

*

几天后，基测结束了，小叶没有考上北一女，也没有考上中山女中。

她打电话告诉我，她只考上了附近的社区高中，爸爸和外婆对她很失望，妈妈倒是很开心，说要带她出去玩作为犒赏。小叶的语气有些矛盾，她说，虽然有点对不起大家，但一想到在社区高中念书，课业压力没那么大，或许可以花更多时间做自己喜欢的事，便忍不住有点开心。

挂断电话之后，我可以想象茉莉正面临的责难。

父母的言行态度，随时随地都在影响小孩子的每一个动作；而父母本身，可能也深受上一代父母的言行态度影响。

茉莉说，丈夫的父爱是有条件的，他只在小叶考了第三名那次才像个父亲。会不会有一个可能，永信的父母也是这样告诉他的，只有成功的小孩才能获得被爱的资格？

茉莉自己的前半生像傀儡一样，母亲要她往左，她不敢往右。明玉的内心满是空洞，茉莉牺牲掉人生的许多可能，尽力满足母亲的要求。直至作弊事件，她才明白小叶正在复制她的路，小叶也在勉强自己来取悦茉莉，不知不觉中，小叶的四肢也绑上了绳线。

跟明玉不同的是，茉莉不想走上一样的路，她决意给小叶剪断所有束缚。

小叶可以自由地伸展手脚了，茉莉却可能因此被贬抑为一个疏于管教孩子的母亲。

没关系，茉莉会学会勇敢的。

我看得出来，世界上茉莉最爱的人是小叶，茉莉不能失去她。

后记：

故事里有三个女子，明玉、茉莉与小叶。起初我写小叶多一点，但是之后，故事失控了，每个角色自己分配起各自的出场分量。我后知后觉，我对茉莉的感情，比我对小叶的感情更深。我若把焦点放在小叶身上，这故事的结局一定不精彩。

这个过程，像是摊开一张揉皱的彩色玻璃纸，经过缜密地平整后，光线穿透，色彩于是洒落。

第 3 个家
必须多动

"多动症"可能是一个标签,也可能是从天而降的神仙索。

Unbearable bond of love

少女若娃非常美丽。

第一次见到若娃时,我不得不惊艳于她的美貌,忍不住在心底屏息:好漂亮的孩子啊!白皙薄透的肌肤,秀挺的鼻子,一张樱桃小口,长而柔软的秀发松松地垂落肩颈。四肢细长,瘦不见骨的纤秾合度。然而,若娃最出色的,莫过于她那双眼睛。我穷尽心思,也不如抄《老残游记》的笔法:"那双眼睛,如秋水,如寒星,如白水银里头养着两丸黑水银。"

容我做个小小的自白,见到若娃的那一刻,纵为人师,也不免起了妒羡比较的心思。

反观若娃的母亲,和女儿反差极大,以台湾女性的平均身材而言,她还算高,很胖,臂膀的肉掉出衣袖,晃来晃去。她说,叫她杨太太就好了,她丈夫姓杨。

"我的标准非常简单。"自我介绍过后,杨太太如此说道。

非常简单,这是很新鲜的说法。一般家长顶多是说:"我的标准不会很高。"（纵然这样说，也不能轻信。）在这里，杨太太的说法是，"我的标准非常简单"。

我点了点头，请她说下去。

杨太太气定神闲地继续说道："去年，我好姐妹的宝贝女儿考大学，也不知书是读到哪里去了，成绩一出来，天啊！每一科都惨不忍睹。我朋友又花了一笔钱跑去让人家做什么落点……落点分析[1]对吧？对方告诉她，她女儿在全台湾只剩下几所学校可以念，每一所都在偏远地区。"

杨太太嘴角轻扯，没笑出声："我朋友吓死了，准备了一大堆东西，带着有力人士，去拜托附近大学的校长，让她女儿入学。结果，老师你猜校长跟她说什么？人家看了一下她女儿的成绩单，当场笑出声来，说：'就算全部选 B，也不至于考这么烂。'"

杨太太再也忍不住，掩嘴大笑，若娃看母亲笑，也轻轻地笑了。

气氛很轻松，我也跟着扬起嘴角。

"老师，"杨太太忽然收起笑脸，"我的标准就是这么简单，不要让我陷入那种处境，得拿着女儿的成绩单，一所所学校拜托人家收留。我女儿上初中以来，最好的名次是班上第三十三名，他们班也才三十九个人。这样子的学生，你有办法教吗？"

"我会尽力。"

---

[1] 落点分析是台湾学生报考大学时辅助填报志愿的工具。通过分析历年考试数据、各个大学情况，结合家长、学生自己的需求和条件，给出填报建议。

这是我一贯的官方回答。

没真正下水之前，说冷说暖，都没有意义。

杨太太点了点头，她看着我，眼神闪了一下，语调有了些变化："那个，老师，有一件事情麻烦你注意一下，就是，那个啊……你每上课三十分钟，最多不要超过四十分钟，请让我女儿休息一下。因为……这孩子的注意力比较没办法集中，上太久课会很累。"

"她的注意力没办法集中？"为了在之后教学上取得共识，我必须问得更详细。

"对啦。唉，说这个也不知道你懂不懂，我们家小孩有ADHD，就是俗称的多动症啦！你听说过吗？你带过这种情况的小孩吗？"

我惊讶地转身看向若娃，她对我投以淡淡的微笑，坐姿端庄笔直，双手微微放松，向前握着膝盖，像一尊美丽的洋娃娃。

我绝不是第一个做出类似反应的人，若娃的眼神中透露出一丝淡然。

不等我反应，杨太太自顾自地说了下去："看不出来对吧？所有见过她的人都说，'生得这么漂亮，一双眼睛这么有灵气，应该是个聪慧的孩子，怎么可能有多动症？'偏偏——这孩子就是有多动症啊！"杨太太叹了口气，怜悯地看了女儿一眼，母女俩相视一笑。杨太太又说道："为人父母的，生出这种特殊的孩子，还能怎么办呢？只能更尽心地陪伴照顾啊……"

我点了点头，内心有点不自在。杨太太的语气很奇怪，听起来不只在抱怨，还同时存在着一种淡淡的欣慰。尤其是她和若娃相视而笑的举止，更是诡异得难以形容。

怀疑的思绪萦绕在我心头，但我很快就压抑下去。这份工作很吸引人，杨太太要求课程从晚八点上到十点，一个星期两天，和我的行程很切合，我有几个晚上得上课到六点半，七点的家教赶不上。最重要的是，她给的薪水较行情优厚许多。

确定了上课时间后，我从袋子里拿出教材和瓶装水放在桌子上。瓶子刚从宿舍冰箱里取出，瓶身微微冒出水珠。见状，杨太太脸色大变，她起身，快步走到我的位置，抄起桌上的杯垫放在瓶子底下："老师，这张桌子是原木做的，一张就要三十万。这么完整的木材，现在已经很难得了。我的意思是，这种桌子很怕水汽，老师以后拿出水瓶时，请在下面铺上垫子。"

"啊，啊！真是非常对不起，我以后会注意的！"

杨太太慎重地用卫生纸按压方才水瓶放置的地方，我站在旁边，一脸尴尬。等她处理完了，我从袋子里取出其他教材，若娃也在桌上摆好了铅笔盒和文具。我在脑海里稍微预演了一下今日的进度。第一堂课的主要内容，多半是拟出一个日后学生读书的大方向，我会询问学生日常作息、读书习惯和做笔记的方式，等等。

在我提示可以开始时，杨太太仍坐在若娃旁边。

"我们要上课了哦。"

"老师可以上课了。"杨太太比了一个请的手势。

"阿姨习惯坐在旁边跟课吗?"

"对啊。之前的家教,我也是坐在旁边听。"

"这……"虽然无法目睹,但我猜想自己的脸色一定不太好看。

"有什么不对劲吗?"杨太太问。

"怎么说好呢……"我抓着头皮,努力翻找比较委婉的用词,"阿姨对我的教法感到好奇,我可以理解,但根据以往的经验,只要家长待在旁边,小孩子会禁不住想要迎合家长,做出不符实际学习情况的表现。轻则不会诚实地说出想法,重则'不懂装懂',明明不会,可是怕家长不高兴,于是假装会。阿姨既然舍得花钱请家教,无非是希望女儿拥有更好的教育质量,所以,不好意思……可能得先请阿姨离场,在稍远的地方旁听好吗?"一席话看似合情合理,我却出了一身冷汗。

"是这样子啊……"杨太太蹙起了眉头,上下打量着我。

若娃兴致盎然地来回看着我们。

她似乎没意识到,眼前的情景叫作"僵持"。

几秒钟后,杨太太不情愿地站起身,推开椅子,缓步往门的方向移动:"既然这样,那我去旁边的房间看杂志了。对了,门请保持开着,不要把门关起来,我想听得仔细一点。说归说,我女儿是个特殊的小孩,她若有什么突发状况,我也能帮忙处理。"

"好的,谢谢阿姨。"我相信杨太太已经做出很大的让步。

经过一番波折,我和若娃之间的课程总算开始了。

我很快就察觉到这对母女十分不对劲。

一般情况下,我会和学生交换手机号码及通信软件账号,方便学生发问,避免问题逐渐囤积,毕竟,问题累积到一定程度时,学生对于该科的学习意愿也会跟着下滑。

这个方法的优点是可以实时解答学生的困惑,危险自然也在于它的实时性。我曾听过一位家教的经历,短短一个晚上接到学生发来的二十几则问题,她握着手机敲到十指发软。所以,我会和学生形成默契,以通信软件提问,仅适用于问题数量不多的时候。

"这是我的手机号码和通信账号,你有问题可以拍下来,传给我。"

我信手撕下一张便利贴,写下自己的联络方式,递给若娃。

若娃看着字条上英文和数字的组合,歪着头,若有所思地说:"可是,我很少用手机哎。"

我不由得仰起脸来。

近年来,越来越多人意识到青少年手机成瘾的危险。

曾有一位家长向我倾诉:"老师,你上课的时候我不知道,可是,你不在时,我女儿没有一秒钟离得开手机,低头滑来滑去,吃饭也滑,做功课也滑,一边做一边滑,对着手机嘻嘻笑,不知道在看些什么。她上次段考退步很多,我很生气,气到没收她的手机。没想到她竟然哭着在地上打滚，求我把手机还给她。一个十五岁的小孩，为了一个手机哭成这样，我光是看着都快不能呼吸了……帮我劝劝她好吗？"

那位家长的女儿，叫作豆豆。

上课时，豆豆把手机放在伸手可及的位置，课间休息五分钟，她第一件事情就是拿起手机，着迷地看着发光的屏幕。我向来不干涉豆豆的行为，至少她上课时很专心。

下次上课，我半开玩笑地问她："看啊，我认真教你没用，我走了你不复习，成绩都掉光光了。听你妈妈说，我不在的时候，你都在玩手机啊。手机有这么重要吗？"

"当然，手机是我的第一生命！"豆豆坚定地说道。

"为什么？因为手机里面有很多好玩的小游戏吗？"

我尝试以不带任何预设立场的方式跟她说话。

这是我多年来的心得，孩子们对于"恶意"的侦测十分灵敏，一旦他们警觉到跟他们说话的人"来者不善"，会毫不犹豫地缩回自己的壳里。

"不，手机里的小游戏一下就玩腻了。"她回答。

"那手机为什么这么吸引人呢？"

"很简单啊，有了手机，我可以登录连我[1]，登录脸书，登录任何社群软件，我可以知道别人在做什么，我可以点赞、留言、

---

[1] 一款免费通信软件。

分享我的生活，而我的朋友们也这么做。我妈常说，网络上的一切都不是真实的，才不是这样呢，网络世界跟真实世界是有关联的，你在现实生活中拥有很多朋友，你的网络世界也不会太孤单。大家会去给你点赞、留言啊。"

我点点头，她的表达很精彩。

这也是这个职业的附带价值，我可以知道比我年轻许多的人到底在想些什么。

豆豆狐疑地看了我一眼，斟酌着是否要跟我讲得更深。几秒后，她"唉"了一声，有些青涩，也有些老成地说道："一旦没了手机，这一切就中断了。我看不见别人，别人也看不见我，像是被困在一个鸟不生蛋、狗不拉屎的地方，感觉被孤立了，这很恐怖。"

"没错，这我能懂，我跟你一样大的时候，最怕的事情就是被孤立。"

豆豆的回应让我想起自己的青少年阶段，在我上初中、高中时，只要有一件事情是大多数同学知道而我不知道的，我就会很焦虑，急着想得到那件事的相关信息。

我突然懂得了她的感受。

"老师，你也懂我的感觉吧？"得到共鸣后，她睁大眼，很雀跃地说了下去，"我宁愿对别人撒谎，说我手机送修，也不会承认我的手机被没收了。天啊，我妈认为没收手机是'为我好'，不，她不知道，她这种想法把我害惨了。"

豆豆耸耸肩："我不会跟她争论，反正大人总认定他们是对的！"

"网络是唯一理解他人生活方式的媒介吗？"

"不是，但网络是很重要的媒介。唉，"豆豆双手托着下巴，老气横秋地说，"老师你不懂啦，以前你们没有智能手机，顶多就是写写信、传字条、打电话，回到家就可以做自己想做的事。我们现在的小孩很命苦，回到家，还要继续跟同学social……"

*

若娃说出那句"我很少用手机"，激发出我满腔的好奇心。

像是看到了什么奇特的生物，让我想好好观察："若娃，你的手机是智能手机吗？"

"是啊，我的手机是苹果的。去年的生日礼物！"

"拿这么好的手机，应该更爱不释手啊。"我更困惑了。

"之前会拿来下载韩国偶像的MV，但是手机屏幕好小，看起来好累，还不如用电脑看，我的电脑屏幕很大哦，妈妈怕伤眼睛，就买屏幕很大的那种。"

"除了看MV，手机还有其他用途吧？例如，和朋友联络。"

"我也想拿手机和朋友联络啊，不过……"

若娃没再说下去，嘴唇抿着，一双大眼睛盯着我，有些为难的样子。

"你不想说也没关系。"

"哎哟，不是我不想说，只不过……好啦，我干脆直说，因为我妈会偷看啊。"

若娃捧着腮，做出一副鬼脸。

即使如此，她看起来还是比许多人可爱。

"我到初中才拥有自己的手机，第一次买手机，妈妈就给我买智能手机。一开始我很兴奋，在里面装了好多通信软件，同学们也很兴奋，纷纷加我，发了好多信息给我。那时候，我和朋友都很开心，这样联络很快、很方便，又不用钱！但是，之后发生一件令我有点介意的事情……"若娃停了下来，定定地看着我，"你不会跟我妈告状吧？"

"不会。"我做出保证，心中很犹豫，要是若娃告诉我的事情很严重呢？

"有一天，妈妈突然叫我不要跟某个女生来往，她说那个女生说话很轻浮。我觉得莫名其妙，妈妈根本没有和那个女生见过面啊，该不会是偷看了我的手机吧？原本也只是猜想而已，不是很确定。过了几天，我在浴室洗澡，手机放在房间里。我妈没有经过我的同意，用我的手机打给那个女生，要她发信息的时候不要夹杂那么多脏话。那个女生吓死了。隔天，我一到学校，她交给我一封很长的信，说自己从今以后必须跟我保持距离，她也跑去跟很多同学哭诉，说我妈妈很恐怖，不仅偷看自己小孩的短信，还会打电话'警告'别人。我在班上的处境从此变得很尴尬，大家不会跟'妈妈管很多的同学'走太近。"

若娃陈述时，我又想起了豆豆，她们的说法有许多相符之处。

"你可以设密码啊，很多通信软件都有这种功能。"

"我当然试过了……"若娃没好气地说，"看完信之后，我很伤心，马上设了密码。没想到妈妈居然为此气得发抖，她说：'若你没有做亏心事，为何要担心妈妈看你跟朋友的聊天记录？'我无话可说，也不想让妈妈认为我做了亏心事，只是觉得很奇怪……"她的双手绞在一起，语气有些压抑，"我只是想轻松地跟朋友聊天而已，这样也有错吗？"

此时，眼前一大团的紊乱中，有一截小小的、短短的线头亮了出来。

我陷入两难。家长是付我薪水的人，若以这个角度切入，我最聪明的做法，就是把若娃所说的一切抛诸脑后，专注在教书这件事情上，可是，看着她彷徨的神情，我发现自己做不到。几经思量之后，我战战兢兢地开口："你有没有考虑过，和妈妈商量一下，请她不要再检查你的手机了？好好说一下，妈妈或许可以谅解的。"

"不可能。"若娃不假思索地摇头，"妈妈说过，她是我最好的朋友，我们之间不可以有秘密……就像她也会把自己的事情告诉我。"

"所以，你就不再用手机跟朋友联络了？"

"对。我很累，同学也很累。他们跟我抱怨，跟我说话要很注意用词，免得我妈哪天心血来潮，突然打电话过去骂人。久而久之，他们变得不太喜欢跟我聊天，最后，几乎没人发信息给我了，即使有，也是讨论一些功课和考试的事情，他们不会和我聊天。"

若娃给整段故事下了注解："我有时候很困惑，妈妈也会把自己买鞋子的发票丢掉，免得被爸爸发现，可是妈妈却可以不管我的心情，直接看我的手机，这不是很矛盾吗？"

在她说话的此刻，整个人的神色竟淡淡地散发着通晓人事的世故。

仍有不少亚洲的家长服膺权威式的管教方式，他们相信，上对下的模式有助于亲子关系的稳定，介入孩子的私领域，也是保护孩子的有效手段之一。在这种氛围下，强调孩子隐私权的声音往往会被压抑，甚至遭受攻击。

曾有一位家长跟我说："在小孩子无法为自己的作为负起全责之前，既然父母可能得承担小孩犯罪的责任，那就有监督的义务。看孩子的日记、往来通信，合情合理。在小孩子成年之前，他们尚未成为一个独立的个体，自然也是没有隐私权的。"

在这样的说法中，"比例原则"四个字不见了。

若娃身临其境。

*

若娃的课程稳定下来后,我得正视一个事实:她的基础概念几乎一片荒芜。

她初三了,"先乘除,后加减"的概念仍需要我反复提醒,分数与小数点的转换掌握得很差劲,她说过:"一又二分之一就是一点二。"压倒骆驼的最后一根稻草是她的记性,她的大脑仿佛一片沙漠,不管我在上面刻了多重的字迹,挖了多深的沟,过两三天,她会满脸歉意地请我原谅,她又忘光了,一点印象也没有。

周考、段考、模拟考,每一张考卷发下来,永远是遍地开花,整片的猩红刺目。

奇怪的是,对此杨太太永远保持一贯的从容,似乎很习惯女儿拿这样的分数。她依然不冷不热地招呼我,依然在桌上备齐茶点,依然笑脸盈盈地注视自己的女儿,顶多只是在走去隔壁小房间时,清清淡淡地说一句:"麻烦老师再加强一下。"

和杨太太一以贯之的冷漠相较,我的教学热情倒是渐渐干涸。拿起考卷,对于一再处理相同的题型感到厌烦。一日,若娃又带回一张三十六分的考卷,检视整张考卷,里头有将近八成的题型她已做过相仿的练习。我把考卷搁置一旁,换个方式检讨。

"平常在学校上课的时候,你都做些什么呢?"

"发呆,放空,等下课。"似乎觉得自己的答案很有趣,若娃轻轻地笑了出来。

"每一堂课都这样？"

"对啊，"她舔了舔干燥的嘴唇，"我从小学就是这样，每堂课都好无聊，坐在教室里根本就是浪费生命。所有人都在忍耐，都在等下课，只是有没有表现出来的差别。一样的事情，今天讲了明天又得重复，要一而再，再而三地复习。学这些很重要吗？一次函数、二次函数，很重要吗？妈妈说，数学不用学得太深，只要买东西会算钱、找钱，那就够了。"

我心底一凉，没有多言。

若娃不想学习是理所当然的，这是她母亲一手"栽培"出来的结果。

"那你喜欢什么？"

她的大眼睛溜了一圈："当然是和妈妈逛街啊，最喜欢和妈妈去逛百货公司了，每一季，百货公司都会上新品，不同季有不同的流行。妈妈最喜欢买鞋子和化妆品，很多柜姐都认识她，她是大户，一刷卡就是好几万，还可以换一堆赠品！"

"好，除了逛街，你还喜欢什么呢？"

"去好吃的餐厅！"她咧开嘴，一口漂亮的贝齿露出来，"妈妈是夜猫子，她看电视看到很晚，醒来时也差不多中午十二点——快要下午一点了。她中午一个人吃，吃得很随便，吃完就去逛街、做头发或者做美容，反正就是等我放学。妈妈很在乎晚餐，晚餐有我陪她聊天，她喜欢那种点几道菜可以坐很久的店，一边聊天，一边吃饭。"

在若娃的协助下,我很容易在脑海中勾勒出杨太太的一天,很明显,她是个日子不虞匮乏,却也孤单寂寞的人,女儿去上学的几个小时,她无聊到四处打发时间。

紧接着,若娃神秘兮兮地笑了笑:"偷偷跟你说,妈妈以前很瘦,拍婚纱照那天,她还不到五十公斤,现在胖了至少二十公斤,你就知道妈妈晚上有多能吃了。老师难道没有发觉,我们常跟你更改上课时间,叫你晚半小时再来吗?那是因为,有时老师快来上课了,妈妈却还在吃甜点。"

语毕,她笑起来。

她觉得母亲为了多吃几口晚餐,打电话请家教晚点来上课,这件事很好笑。

她并不知道,她所描述的这个情境,造成我多大的困扰。

杨太太经常在课程开始前半小时匆忙打一通电话过来:"老师,不好意思,还在忙呢,可否晚一点再来?"她要我等待的时间不一,短则十分钟,长则半小时。以前,我宁愿相信真有重要的事情耽搁了这对母女的行程,若娃却诚实地告诉我,事情并不如我所想。

我有些不悦,可是,若娃没有错,我不能迁怒她。

"好吧,除了逛街、吃大餐以外,你还喜欢做什么呢?"

"嗯……"若娃偏着头,认真想了一下,"看韩剧!我和妈妈每个晚上会一起看韩剧,今天要上老师的课,妈妈八点就会先看别的节目,等到十一点再跟我一起看重播。"

"十一点？那看完都几点了？"

"一集有一个半小时，看完大概十二点半，偶尔一集会延长到两个小时，看完就是一点了。"若娃似乎真的很喜欢韩剧，在五分钟内，便向我介绍了七八部，对于每一部的风格、领衔角色和配乐等，无一不是信手拈来，如数家珍，其中她最爱的一部莫过于《秘密花园》。她还与我分享她和母亲的疯狂行为："有一次，妈妈好不容易租到一整套《秘密花园》，我们从第一集开始看，看到凌晨三四点才睡，只花了两天就复习完全部二十集！爸爸说我们母女很夸张，上辈子搞不好是韩国人。"

不自在的感觉再次蔓延开来，某个环节出现了断层。

"你看韩剧的时候，也需要看三十分钟就休息十分钟吗？"

若娃还在兴头上，语速很快："不需要！当然不需要！影片是租来的，没有广告，看起来很过瘾。想上厕所的时候，才会按一下暂停。第一天晚上，一口气看了快八个小时。"

空气仿佛长出小牙齿，轻咬着我的全身。

我始终没有向杨太太说明的是，在若娃之前，我其实教过几位比较典型的多动儿。

而他们的表现和若娃截然不同。

*

从此，我开始观察若娃的一举一动。我对这种心态感到不安,但又无法停止。太奇怪了,在她看小说、编手环或者陪母亲吃饭时,她的耐心会一口气长出来,安安静静地坐好几个小时也不生气;她的记性很好,你跟她提过的生活琐事,几个月下来她都能记得清楚牢靠。可是,前天才提过的公式、模拟了十几次的题型,一转身她又忘得一干二净。至于学校老师布置的功课,她会以取巧的方式完成——隔日去学校抄。

我常常看着她,脑海中闪过千百种念头,有好的,也有不好的。

有一天,若娃服药时,我禁不住好奇地问:"吃这些药,会对你的身体——或者说大脑,产生什么影响吗?"

"我也不知道这药是吃来干吗的,妈妈说这是帮助我安静下来的药。"她咽下嘴里的水,口齿不清地说,"妈妈叫我吃,我就吃啊。"

"若娃,我问你……"我拿捏着说话的分寸,"你认为自己有 ADHD 吗?"

她转过头,看着我,我们眼神交会良久,她的嘴巴紧闭,眼底布满紧张。

她八成没有察觉,自己正有一阵没一阵地抠着自己的指甲。

我伤害到她了。

"没关系,你不用回答我——"我急着转移话题。

没想到,她主动打断了我:"老师,偷偷跟你说,我认为我没有 ADHD。我也不喜欢谁称我'多动儿',我并没有正常吃药,常常把药扔进马桶冲掉。"

这下子，换我哑了声，嘴巴动了又动，却一个字也说不出来。

若娃苦着脸，挤牙膏般一点一滴地吐出了真相："我上小学时，上课喜欢放空，老师说我可能有注意力不集中的问题，建议我妈带我去找医生。一开始，我跟妈妈一个月要跑好几家医院，因为很多医院的医生都说我很正常，有注意力缺失的倾向不表示我是多动症小孩。换句话说……很多医生觉得我没必要治疗。"

听起来是值得高兴的事，但她看起来有些沮丧："妈妈很不甘心，一天到晚帮我安排不同的医院，找不同的医生，回答不同的问题，搞得我烦死了，直到这位洪医生，她说愿意开药给我吃，妈妈才松了口气，我也不用在不同医院间跑来跑去了。"

"所以，你看这么多医生，不是每个医生都说你有ADHD？"

"对。"若娃答得有些有气无力，"我也不晓得标准是什么，有的说有，有的说没有。只是……唉，妈妈最近又有新的烦恼了，她在找资料，想确定一下，像我这种情形的小孩，去考基测有没有办法加分，如果可以的话，她会去跟洪医生商量看看。基测加分，对我很有帮助。"

我点点头，低头在记事本上写下："查询多动症加分事宜。"

在我安静思考的分秒间，若娃又扔了一颗炸弹过来。

"妈妈以前不是这样的，是因为哥哥不在了，她才会变成现在这个样子。"

"哥哥？"

"对啊。我有个哥哥，只是他很小就过世了。"她看了我一眼，"老师，你的表情好好笑，有那么严重吗？"

我回过神来，笨拙地点头："是啊，我有点没办法接受，你们没有透露出半点征兆。"

"是啊，哥哥的事在我们家是大忌，一旦谁提起哥哥，妈妈会哭很久，哭到没办法停下来。我只是想强调……妈妈以前不是这个样子的，她以前很瘦、很漂亮、身材很好，工作能力也很出色，在公司有众多追求者，爸爸是其中之一。他们结婚后，妈妈想继续工作，可是外婆身体不好，只能带一个，哥哥年纪比较大，妈妈只好先把他交给保姆。有一天，保姆打电话给妈妈，说哥哥爬窗户摔下去……人已经送去医院了。"

若娃仍旧看着我，声调没什么高低起伏："老实说，我对哥哥不太有印象，哥哥过世时，我才一岁多一点，妈妈也不太喜欢跟我谈他的事。哥哥的事多半是亲戚跟我说的，那个保姆把哥哥哄睡之后，在隔壁房间做事，哥哥睡到一半醒来，找不到人很紧张，窗户又开着，他站在床上往窗户爬，整个人就掉下去了……他在医院躺了一个星期，还是救不回来。"

我听到脚步声，紧张地往门外一看，杨太太好像正在找东西，走来走去，左顾右盼。

若娃也跟着我的视线往外看，她要我别在意，杨太太准备出门了，她约了朋友吃消夜。

我回头看着若娃，静默了半晌。

拥有秘密是辛苦的，拥有他人的秘密也很辛苦。

我与杨太太之间的互动，像是一张张幻灯片在我脑海里播映。她的漫不经心、她的心不在焉、她的寂寞孤单，对她我忽然有了截然不同的诠释方向。

她失去过一个儿子。

杨太太原来失去过一个儿子。

认识到这件事，令我感到对不起杨太太，我对不起她，我曾经把她想得这么糟，把她的一言一语、一举一动，净往不好的方向猜想。

"哥哥死了之后，妈妈辞掉工作，把我从外婆家接回来，一心一意地带我。她喜欢把我当成很娇弱的小 baby，她喜欢照顾我，怕我乱跑，出门会尽量抱着我。第一天去幼儿园，我很怕跟妈妈分开，一直哭，不吃饭，妈妈就把我从幼儿园带回家，我再也没去过幼儿园了。可是，小学是义务教育，不可以不去。有一天，正好是便服日，我穿了一件好看的格子衬衫，扣子有一颗没扣好，但是我不知道该怎么弄，只好拜托邻座同学帮忙，那个同学在全班面前取笑我，说我长这么大，还不会扣扣子。我回家告诉爸爸，他们两个大吵一架，爸爸说，妈妈把我宠成了一个没有生活自理能力的笨蛋。"

"你爸的疑虑也是很正常的。"

"我知道，爸爸在说什么我全部知道。"若娃有些不快地把桌上的橡皮擦推开，橡皮擦滚啊滚，掉到地上，新光三越买的，上头的标签写着三十元。

外头传来铁门卷动的声音，杨太太出门了。

"可是，我不能不管妈妈啊，她需要我，她想照顾我！"若娃有些生气地抬高音量，"不按照她的意思做，她会很难过。所以，老师你懂吗，我不能没有ADHD，我不是在开玩笑！你没见过我爸以前的模样。我刚进小学时，每一科都是倒数。爸爸看到我的成绩单，第一次气到想打我，他说他这辈子没见过这种分数，可是，他又说一切都是妈妈的错，妈妈整天带我去逛街、吃餐厅，学前教育没做好，又不让我上幼儿园，学习才会落后同学一大截。妈妈被骂之后很伤心，躲在房间里不出门，也不让我进去看她。我想帮她……可是我又不喜欢念书。"

"然后呢？"我问，听到这里，隐约有条线串了起来。

"隔几天，妈妈问我为什么不认真读书，我说：'我不喜欢待在教室里，上课的时候好安静，我好害怕太安静的地方。'老师也说我上课放空的时间很长，或许有注意力的问题。妈妈怀疑我有多动症，带我跑了很多家医院，到洪医生这里才停下来。妈妈拿着药跟爸爸说，我这种小孩很辛苦，跟一般小孩不一样，不可以拿一般的标准来要求我。"

"爸爸也认同了妈妈的说法？"

"爸爸最初很抗拒，他不相信我有ADHD，叫妈妈不要一天到晚让我吃这些药。可是，爸爸很忙，没办法分太多时间给我，几年下来,他也慢慢接受了。如今,爸爸完全不管我的成绩,他说,我不要太勉强自己,开心就好了。我们家不缺钱,我长大了也不需要工作,既然如此,学历对我而言不是太重要。"

若娃停下来,她又有一阵没一阵地抠起了指甲。

"前几天,爸爸跟我说,我长得很漂亮,不用太担心未来,只要把自己打理得漂漂亮亮的,找一个经济条件不错的男朋友,找不到的话,爸爸也会养我一辈子。"

"那你想过这样的生活吗?"我开口,声音粗糙得像磨在砂纸上。

"我不知道。"她转过身,双眼盈满困惑,"老师,我真的不知道,我不知道什么是对的,什么才是为我好。"

*

"多动症"可能是一个标签,也可能是从天而降的神仙索。

没有是非对错,我们必须让自己的每一天过得更舒适、更心安理得。

我们必须让自己不那么害怕明天的降临。

很多人想问,若娃最终考得怎样?去哪里了?

对于执着于结果的人,我可以说,我没有辜负若娃母亲的标准。但那不值得夸耀,毕竟那是个很低、很敷衍了事的标准,甚至辜负了"标准"一词。

我更想说的是，若娃最终去哪所学校就读一点也不重要。她的父亲是证券公司的高级经理人，他和妻子如今只有一个孩子，他不会让唯一的孩子受苦。

我可以想象得到，这对夫妻早已拟妥一份关于资产的规划书。纵然他们先后离世，若娃也会有一笔足以供她一辈子维持现状的财富。

无论她去了一所很好的学校还是很糟糕的学校，都不会影响她的人生，她的人生已经定型了。她只是换了一个时空，发呆，放空，等下课，每个夜晚，陪着孤单的母亲，在不同的餐厅里品味精致的餐点。三年后，当她再度面临大考时，杨太太可能会上网重新上传资料。

之后，这对母女在家等待，等待一张新的面孔来按门铃。来者可能很年轻，也可能有点年纪，总之，杨太太会对来者如此说道："我的标准很简单……"

那张价值三十来万的原木方桌，届时应该还在。杨太太或许会倚着桌子，表情丰富地讲解，就像对我那样，她会再复述一次"多动儿"的症状与处理方式。

第4个家
私的迷思

穿上这制服,有一种格格不入的压力。

Private value

我从没见过这么疲惫的一双眼睛。

表面上,他看着我,但他的思绪其实早已飘到很迢遥、谁也不知道的疆土。

偶尔,他会开口询问:"我女儿最近的情况好吗?"更多时候,他只是挤出一个不自然的微笑,搔搔后脑勺,看着我,不知道要说些什么才好。他总是工作到很晚,下班之后,他顶着两丸泛红的眼球,探头进来,确认一下我们上课的情况,会很正经地跟我致歉:"老师,不好意思,我要先睡了哦。"之后,他会转头看向巧艺,用有些严厉的声音命令她,"巧艺,待会儿送老师出门,要有礼貌知不知道?"

他往浴室的方向走去,沿途,他止不住地抓后脑勺。看着他蹒跚的背影,我才发现,巧艺的爸爸头发掉得很厉害——从后方可以看见有些区域秃了,亮出泛白的头皮。

他步伐沉重地移动着,用力用指甲抓着头皮,发出令人不安的声音。

现在想来，那显然是某种信息：他已经超载了。他想要一段属于自己的假期。他不需要搭上飞机或游艇，抵达某座热带岛屿，光是待在自己的床上，好好地睡上一段超过十二小时的觉，他就能感到幸福。但他不能休息，这个家需要他。

台湾的就业环境渐趋严苛，他也有些年纪了，他得以更长的工时来证明一件事情：他不会被这残酷的社会淘汰。他无法想象自己有一天将成为"失业人口"中的一员。

*

巧艺是我的第二个学生，一位学姐太忙了，把自己刚接下的工作转给了我。现在回想起来，巧艺父母给的时薪不够多，但在学姐慎重的拜托之下，我也抱持着认真的态度接下这份工作。在巧艺之前，我教过一个初中女孩，但时间太短了，对那名女孩的印象不深。

我时常把巧艺记成我的第一个学生。

一进巧艺家，我很快注意到，这个家平常只有她一个人。

她的母亲目前在娘家的茶园工作，自然也住在娘家。平时的每个周末，母亲会带着儿子北上与丈夫和女儿重聚。农忙季节，母亲最久得一个半月才能回家一次。

"这样分开居住，感觉好辛苦啊。"

"没办法,我和弟弟都在念私校,需要很多钱,爸爸说妈妈也得出去工作。可是,妈妈学历不高,也跟职场脱节很久了,她之前找的工作都很糟,外婆叫妈妈干脆回去帮忙采茶,她付的薪水比妈妈在台北问到的好得多。"

"弟弟呢?"我问。

"跟妈妈住在一起,妈妈说爸爸一个人照顾两个太累了。"

巧艺的语气倏地冷了下来,我想她很羡慕弟弟吧。

我只比巧艺大上两三岁,为了让我们相处起来活泼一些,我请她称我"姐姐"。也因为这个亲昵的称谓,连带影响了我们之间的互动模式,我指导她的课业问题,与她分享我的求学经历,她也会与我讨论私底下的生活。

巧艺很孤单。

这个家的女主人长期不在,男主人工作时间又长,环境于是变得凌乱且昏暗。

每次上课,我跟着巧艺的脚步,见她一一打开玄关、客厅的灯。光线打下来之后,很难忽略桌上堆叠的各式信件、缴费单和广告宣传单。巧艺没有整理,也没有人教她如何整理、分类那些信件,她只是把它们从信箱里整沓拔出来,再扔到桌上。

"你晚餐吃什么?"

她指了指桌上的塑胶餐盒:"超市的微波食品。"

"每一天?"

"大部分。"她沉思了一下,做了点补充,"有时候会吃麦当劳。"

"怎么不和同学一起吃晚餐？"

"爸爸不允许。"巧艺翻了个大白眼，"他看了太多电视新闻，被搞得紧张兮兮。他有偏见，觉得年轻人聚在一起就会做出危险的事来。所以，他规定我一下课就必须马上回家。一个星期有一两天，他会打电话回来查勤，确定我到家了。"

我想起那双疲惫的眼睛，无法告诉巧艺她父亲的做法有什么不妥。身为一个必须工作到八九点才能回家、家中又只有他与女儿的父亲，他得把女儿管好。

巧艺的身上穿着充满设计感的漂亮制服。

她在离家十站路的私立高中就读，那所学校的风评向来很好。每一年，大学录取结果揭晓，这所学校的外墙便高高挂起红幅，出色的录取名单很能吸引路人的目光。

我认为巧艺很幸福，在我眼中，读私校隐约就是一种"与众不同"的宣示。

这种观点与我的背景有关，我的母亲曾经很直白地表明，私校太贵了，她不会出钱供我念私校。

一次上课，我进入巧艺的房间。

床上、桌上和地上，散布着胶水贴纸和剪得零碎的彩色纸片。"老师，再等我一下，我快好了。"巧艺跳到床上，盘腿而坐，抓起剪刀与一张桃红色的西卡纸，飞快地裁起纸张。

我坐下来，随手拿起一只边缘修得很圆滑的爱心："你在干吗？"

"我在做生日卡片。"巧艺捶了捶肩膀，"昨天熬夜做了三小时，还剩下一些装饰，只要再写上祝福的话语，这次的卡片就完成了。"

我瞧了一下书桌上的半成品，虽说是卡片，却更像是一本小手册，有封面，也有内页。内页主要是某个女生的照片集，有个人照，也有她与巧艺的合照，每张照片旁边都有巧艺取的标题，例如："在百货公司玩起自拍的我们""段考结束了，在桌子上呼呼大睡的你好可爱"，等等。书背的边框粘着芥末绿的纸胶带，正中央有一行金色的马克笔字迹——"要当一辈子的好朋友"，字旁边贴满了细碎的小水钻。

我把玩着那本手册，对巧艺的手工很是惊艳："是谁过生日？看你这样大费周章。"

巧艺仍专注于手上的西卡纸，没有看我，嘴巴里吐出一个人名。

"她是谁？你很好的朋友吗？"

"还好。"巧艺迸出了令我意外的答案，"算是普通交情。"

"只是同学，干吗做这么精致的卡片送她？"

巧艺没有搭腔，她站起身，打开衣柜，从中取出一个喜饼盒。巧艺打开那个盒子的瞬间，我的眼睛也跟着亮了起来。毋庸置疑，那是一个少女的百宝箱。里面躺着安娜苏的小香水、S牌的水晶项链、偶像明星的卡片、几枚小吊饰，等等。

巧艺的眼神很温柔，这个小盒子里收集了她所有珍藏的小物。

巧艺拿起其中一条白底蓝点的小手帕，放在鼻间吸了一口，露出心满意足的笑容："这是今年那个女生送我的生日礼物，姐姐猜猜看，要多少钱？"

"五百？"我不太诚实，因为我心中浮现的数字只有三百。

多出来的两百是不想辜负巧艺期盼的目光。

巧艺用力摇头，兴奋地纠正我，语气几乎是炫耀了："不，不，这条要一千二！"

我从巧艺手上接过那条手帕，就着炽白的桌灯，仔细端详。

"我不懂，就只是一条手帕啊……"

巧艺把手帕拿得更近些，指着一行绣字："姐姐看不出来吗？这手帕是K牌的。"

"我认识的品牌不多。"

"是吗？"巧艺的脸蛋垮了下来，我的反应令她很失望。

她轻手轻脚地把手帕折好，放进盒子里，合上盖子，抱着盒子叹了口气。

"姐姐，我觉得我家实在太穷了。"

我眉头一皱，巧艺的思路转了一个大弯，害我有些跟不上。

巧艺有些怨怼地说："我最好的朋友……她的妈妈在这学期捐了三十万给学校，老师很开心，在全班同学面前表扬她。回家后，我问爸爸，可不可以也捐十万？爸爸说不行。我让步，改问捐五万好不好？爸爸非常生气，骂我不知感恩……"

我聆听着，心中涌现奇妙的情绪。

巧艺看了我一眼，问道："姐姐念过私校吗？"

"我上的幼儿园好像是私立的，太久了，有点忘了。不过，从小学到大学，我都是念公立的。"

巧艺幽幽地说道："姐姐，你知道吗，我真羡慕你……"

"羡慕我？你疯了吗？"我失笑，摇了摇头，"拜托，多少人羡慕你。"我指着挂在书桌旁边那一身好看的制服，"别的不说，光是你身上的制服，有多少人想穿啊。"

"可是，没人知道……"巧艺苦着张脸，"这制服带给我多少压力。"

"压力，你是指读书的压力吗？"

除了亮眼的治学绩效，那所学校的课业压力也很出名。

"不是读书的压力，是一种格格不入的压力。"

巧艺的表情很认真，她不是在开玩笑。我收起笑脸，以相同程度的严肃回应她。

"格格不入的压力？"

"嗯。"她轻轻地点头，眉头蹙起，嘴开了又闭，像鱼缸中吐泡的金鱼。

片刻后，她才有些不情愿地开了口："姐姐，我初中才开始读私校，也就是说，我小学念的是公立的，那时我很幸福，同学们都说，爸妈对我很大方，还会带我到国外玩。进入私校之后，一切都变了，在私校，大部分同学认为旅游是很平常的事情。我的父母反而告诉我，私校的学费很贵，他们无法再带我跟弟弟到国外玩了。我很受挫，第一次明白我家其实并没有钱，跟私校的同学一比，我家搞不好还算是穷的。"

"巧艺，你在说什么傻话啊。"我拍了拍脸颊，无法接受她有这般想法。

"不，姐姐，你听我说，我不是在无病呻吟……"她的脸和耳朵也红了起来，急着想要说服我，"你知道吗，读这所学校的学生，家里都有钱到爆炸，有的家里开公司，有的父母是医生、教授或律师，包括某官员的女儿也在这家学校。假若他们知道，我爸在拉保险，我妈在茶园里采茶，一定觉得很不可思议！"

我没有说话，她看起来很激动，眼泪在眼眶里打转，她很努力地不让眼泪掉下来。

"职业是没有贵贱的，父母也是没有贵贱的。"

踌躇良久，我只能软软地吐出这句没什么说服力的话。

"我不是说我父母不好，我的意思是读私校把我搞得很心烦。我不得不去想，我和其他同学根本就是不同世界的人。他们动辄送出好几百，甚至上千元的礼物也不会心痛，我不是，我没这多零用钱，我没办法回送等值的礼物，只好认真做卡片。大家以为我喜欢做这些，才不是呢！做一本这个，要洗印照片，找贴纸，想祝福的话，我一想到就很烦。"

"你可以告诉他们,请同学不要送这么贵的礼物。"

"不——姐姐,你实在很不了解这里面的生态。我宁愿做卡片做到死,也不想被他们发现我跟他们的不同。唉,爸爸说我很自私,弟弟之后要回台北念书,妈妈搞不好也会一起搬回来,不在茶园工作了。届时家里的收入变少、支出变多,凡事都是钱、钱、钱,我竟然还在想捐钱的事。"

原先,对于巧艺的言论,我心底有些不以为然。然而,了解了她的心境,我再次环视这个房间,撒满床的纸花纸片、裁剪下的照片边缘、散落一地的美术用品,以及坐在中间一脸无助的巧艺,我有些明白了,她是真的很辛苦。

一次,巧艺要求星期天加课,我首度在周末时段前往她家。

下课后,经过客厅,难得地,客厅里坐着一位妇人和一名小男孩,小男孩目不转睛地看着电视,妇人则看着我。我站在原地想了三秒钟,才意识到妇人是巧艺的母亲。

妇人露出友善的微笑,从沙发上站起身。她把巧艺唤过去,递给她一张钞票:"去转角那家店买泡芙给老师吃。"

巧艺温驯地点了点头,正要往玄关走,她母亲拉住她的手臂:"带弟弟一起去。"

电视前的小男孩发出不甘愿的声音:"姐姐自己去就好了。"

妇人的声音轻柔,却带有不容拒绝的威严:"快点,把电视关掉,跟姐姐一起去。"

少了电视的干扰，姐弟俩也离开了，客厅一下子变得很安静。

"老师，先坐下来吧，那家甜点店要排队，他们至少要四十分钟才会回来。"

巧艺的母亲给我倒了杯水，坐在我左侧的小沙发上，她双手交握，忧心忡忡地看着我。

她有话想对我说。

我全身僵硬地坐下，不敢说话，她的出现太突然了，不在我预期之内。

见我这样拘谨，她先释放出善意："老师，我要先谢谢你，你的学历很好，又很愿意花时间听我女儿讲话，你来之后，巧艺时常在电话中提到你，她一直很渴望有个说心事的对象，现在，有你的陪伴，她在家也不会那么孤单了。"

我点了点头，困惑地注视着她，她特地与我独处，不可能是为了说这些。

看穿我的疑问，她沉默了几秒，像是下定了什么决心，再次开口时，便切入正题："老师，这些日子，巧艺有没有跟你说什么关于家里的事？"

"哪方面？"家里的事，这四个字涵盖的范围太广了。

她清了清喉咙，把话说得更详细："她有没有抱怨家里的一些情况？我这孩子最近不知道怎么搞的，对我爱理不理，问她什么也不好好回答。这也没关系，我知道我平常跟她分隔两地，她有怨言在所难免。可是前天晚上，她在电话里骂我笨，说我不够关心这个家。听到这句话，我吓得没心情做事，等弟弟周末放假，我赶紧带着他跑回家。今天早上我问巧艺，她也只是冷冷地看了我一眼，叫我自己去想。"

她自嘲地笑了笑："我丈夫是个不苟言笑的人，电视新闻又看多了，整天在那里胡思乱想，长期下来，巧艺也不愿把自己的事情跟她爸说。至于我，她内心多少有些埋怨，这一次也不太想跟我谈。老师，你可能有印象，这孩子近日有没有跟你说些什么？我晚点要回娘家了，最近娘家也忙，我回台北，也是把很多事丢给我父母做。巧艺的事再没有头绪，我也只能悬着一颗心去搭车了。"

在她脸上，我读到跟巧艺的父亲十分相似的情绪：疲倦。

这也是一张饱经风霜的脸。根据巧艺的说法，她的父亲今年四十六岁，母亲小父亲四岁，换句话说，眼前这位女性，也不过四十出头，却已顶着一头枯黄干燥的发丝，皮肤很明显地缺乏水分与弹性，一些白斑错落在她的颧骨上，不晓得是天生，还是因为忙于工作而无暇做好防晒。她低头时，几缕花白的发丝就穿了出来，垂落在她的额际，使她看起来足足比实际年龄大了十岁有余。巧艺的妈妈双手用力搓揉着泛红的指节。

在那一刻，我想起那个画面。巧艺的父亲也时常把手放在后脑勺上，指尖深陷进发梢，我仿佛又能听见指甲刮在头皮上的声音。

我知道发生了什么事。

几个星期前，巧艺的态度开始变得很古怪，说起话来意兴阑珊，不如以往精神。我问她发生了什么事。她只是"唉"了几声，挥挥手要我别过问，继续上课。

她的反常持续了三四堂课，作业没写的情况也渐趋严重。

有一天，我才刚踏进巧艺家，她一看到我，泪水就迅速在眼眶中累积。

"姐姐，我怀疑我爸他……快要失业了。"

"你怎么会有这样的想法？"我把包放下，立即走到她身边。

"上上星期，学校要抽验作业，抽到我的座号，但我忘记带数学作业了。我趁午餐的时候，偷偷搭出租车回家拿。到家时，我看到爸爸还穿着睡衣，躺在沙发上看电视，桌上放着一瓶高粱酒。爸爸看到我，也吓了一跳，他说，他人不舒服，所以请假在家休息。"

巧艺吸了吸鼻子，说了下去："我要出门时，我爸又把我喊住，要我答应他，不可以把看到的事情告诉妈妈。我觉得有些奇怪，但爸爸既然说他只是生病，就姑且当作他是生病好了。直到刚才，我回家经过管理室，管理员伯伯问我，爸爸最近还好吗？车子停在地下室很久了。我问伯伯，爸爸没有去上班吗？伯伯说应该没有，爸爸这阵子到了下午才出门，身上虽然穿着衬衫，可是手上没有提公文包。"

"你跟妈妈说了吗？"

"没有。我哪敢。"巧艺的眼泪终于掉下来，"我叫伯伯先不要跟妈妈提这件事,妈妈要处理的事情够多了……姐姐,我是不是不应该读私校,我快要把家里的经济拖垮了……"

"你先不要想这些有的没的。"我急急地打断巧艺,怕她无止境地悲观下去。

然而,她做不到。

对于自己就读私校一事,巧艺的罪恶感越来越深。她歆羡同学的心态更严重了,不仅歆羡同学家境的富裕,更歆羡他们的无忧无虑。

终于,她承受不了这么多的罪恶感,母亲则成了她情绪的出口。

此时,巧艺的母亲双目微湿地看着我。

她正在期盼,期盼我能让一切混沌拨云见日。巧艺不会说的,若我也保持沉默,她就得带着遗憾返回娘家。

等我回过神来,我已经说出口了,只是我说得很委婉,详情留待巧艺补充。

她们是家人,家人有家人该说的话。

听完之后,巧艺的母亲眉头一展,竟然笑了。

"女儿太小看我了,她爸最近的情况,我心里多少有底。我不说是不想给丈夫压力,大环境不理想,哪个行业没受到波及?再说,家里的情况,没有巧艺所想的那么糟糕。我在娘家工作前后快六年,现今手头也有一笔钱了。她有些多虑了。"

闻言，我也松了一口气。

巧艺没有夸大，她的母亲确实很坚强，是支撑起这个家的支柱。

"阿姨，我可以问一个问题吗？"

"当然，你可以问啊。"

"为什么你那么坚持把小孩子都送去念私校呢？"

问题的下半段，我藏在心底。

我更想问的其实是：把小孩子送去私校，是为了满足个人的虚荣心吗？

巧艺卖命剪纸的背影、她的压抑与自卑、她的眼泪，我都看在眼里，不免起了一种自大的心态，想要"纠正"巧艺的母亲，想要告诉她，她要女儿去念私校，带给女儿多大的痛苦与不安。

面对我尖锐的问题，巧艺的母亲愣了一下，抚着脸，沉吟了一会儿才徐徐说道："没错，你可能会觉得我们不自量力，没那个本钱，还硬要把自己的儿女送去私校就读。但是，我们这么做，也是迫于无奈。老师，巧艺跟你提过，我和我老公的学历都很低吗？"

我摇头，关于这一点，巧艺没有透露。

"年轻时，我们不太会想，觉得读书好无聊就放弃了，我老公高职毕业，我最高学历只有初中，长大一点才知道学历很重要。先说我老公，这些年，保险业竞争很激烈，业务员一个比一个年轻、学历一个比一个好看，我老公有个同事还念到硕士。反

大魚讀品

A
BOOK
MUST
BE
THE
AXE
FOR
THE
FROZEN
SEA
INSIDE
US

所谓书，必须是砍向我们内心冰封大海的斧头

-

卡夫卡

KAFKA

大魚讀品
BIG FISH BOOKS

大鱼读品是磨铁图书旗下优质外国文学出版品牌,名字来自美国小说家丹尼尔·华莱士的小说《大鱼》。我们认为小说中的大鱼象征着无限的可能性,而文学一直在试图通向无限。

大鱼团队将持续地去发现这个世界精神领域的好东西,通过劳作,锤炼自己,让自己有力,让好作品更好地被传播,从而营养自他,增进自他福祉。

大鱼的读书观、选书观基本可以用卡夫卡的这句话高度概括:所谓书,必须是砍向我们内心冰封大海的斧头。

THE UNLIKELY PILGRIMAGE OF HAROLD FRY

一个人的朝圣

[英] 蕾秋·乔伊斯 著 黄妙瑜 译

欧洲首席畅销小说,热销 5 年不衰,入围 2012 年布克文学奖。全球销量过 400 万册,简体中文版销量过 150 万册。
这一年,我们都需要他安静而勇敢的陪伴。

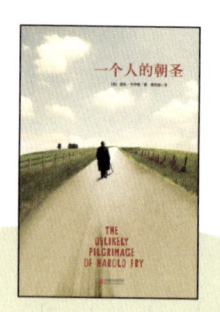

RACHEL JOYCE

THE LOVE SONG OF MISS QUEENIE HENNESSY

一个人的朝圣 2:奎妮的情歌

[英] 蕾秋·乔伊斯 著 袁田 译

《一个人的朝圣》相伴之作
系列简体中文销量超过 300 万册!
当哈罗德开始旅程的同时,奎妮的旅程也开始了。
哈罗德被千万人爱着,奎妮也一样。
这一年,我们都需要她安静而笃定的陪伴。

MISS BENSON'S BEETLE

本森小姐的甲虫

[英] 蕾秋·乔伊斯 著 李松逸 译

《一个人的朝圣》作者蕾秋·乔伊斯全新力作,再度书写我们内心的朝圣之旅。
这是一个关于反叛与出逃、颠覆索然无味的生活,突破困顿与平庸的故事。
有关三个人,两位女性,一次冒险。

RACHEL JOYCE

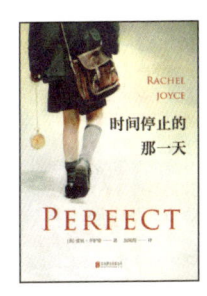

PERFECT
时间停止的那一天

[英] 蕾秋·乔伊斯 著 焦晓菊 译

触动万千读者的全球热销书
《一个人的朝圣》作者口碑新作
别害怕失去生活的勇气,因为它一刻也未曾离开过我们。

THE MUSIC SHOP
奇迹唱片行(2021年新版)

[英] 蕾秋·乔伊斯 著 刘晓桦 译

当你静下来聆听,世界就开始变化。
这儿有家唱片行。一家明亮的小小唱片行。
门上没有店名,橱窗内没有展示,店里却塞满了古典乐、摇滚乐、爵士乐、流行乐等各种黑胶唱片。唱片行时常开到深夜。
孤独的、失眠的、伤心的或是无处可去的……形形色色的人来此寻找唱片,或者,寻找自己人生的答案。而老板弗兰克,40岁,是个熊一般高大温柔的男人。只要告诉他你此刻的心情,或者讲讲你的故事,他总能为你找到最合适的唱片。
一个关于跨越藩篱、不畏惧未知的疗愈故事,一首跳动着希望和温暖的动人情歌,还有声音那抚慰人心的神奇力量。

A SNOW GARDEN & OTHER STORIES
一千亿种生活

[英] 蕾秋·乔伊斯 著 吕灵芝 译

全球热销书《一个人的朝圣》作者蕾秋·乔伊斯
首部不可思议的魔力治愈故事集。
我们的相遇不过是一个无比平凡的意外,生活还有一千亿种可能。
致所有独自行走在热闹生活中的你。

《带上她的眼睛》中英双语版

刘慈欣 著 [美] 周华 (Joel Martinsen) 等译

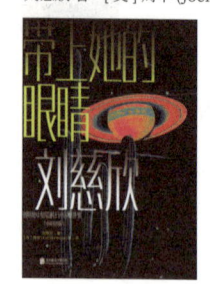

收录银河奖一等奖作品、入选七年级教材的《带上她的眼睛》、银河奖读者提名奖作品《吞食者》《诗云》《思考者》、网友票选人气中篇《山》等八个中短篇科幻故事。

向外探索宇宙深空,向内探索地心世界。本辑围绕宇宙中不同形态的智慧生物展开浪漫的科学想象,将艺术哲学和科技发展融合,讲述不同物种之间的文明交流与碰撞。

《流浪地球》中英双语版

刘慈欣 著 [美] 韩恩立 (Elizabeth Hanlon) 等译

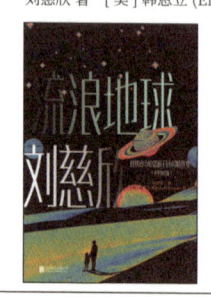

收录银河奖特等奖作品《流浪地球》、银河奖大奖作品《全频带阻塞干扰》《地球大炮》《中国太阳》、入选2018年高考阅读题作品《微纪元》、宁浩电影《疯狂的外星人》原作《乡村教师》等六个中短篇故事。

围绕太阳灾变、人类浩劫这一科幻主题,讲述人类在绝境中寻找希望,在宇宙剧变之中以信仰的力量对抗命运。

"整个宇宙,不过是百亿年前一次壮丽焰火的余烬。"

《时间移民》中英双语版

刘慈欣 著 [美] 刘宇昆 (Ken Liu) 等译

收录银河奖大奖作品《赡养人类》《镜子》、柔石小说奖短篇小说金奖作品《赡养上帝》等七个中短篇科幻故事。

围绕时间与空间这一科幻主题,讲述了人类探索无限生命与科技的浪漫幻想。

"他率领着这个时代的8000万人,沿着时间踏上了逃荒之路。"

GREGORY DAVID ROBERTS

SHANTARAM

项塔兰

[澳大利亚] 格里高利·大卫·罗伯兹 著　黄中宪 译

一个文艺大盗的 10 年流亡，成就一部传奇经典，
人生低谷时必读的涤荡心灵之书！
全球畅销 600 万册，发行 122 个版本，被译成 39 种语言。

KATE CHOPIN

THE AWAKENING

觉醒

[美] 凯特·肖邦 著　齐彦婧 译

她一遍遍问自己：什么才是真正的生活？
美国女性文学代表作，因"大逆不道"成为禁书，
再版 100 余次，121 年来长销不衰，被誉为"蒙尘的经典"。
因在文学上的卓越贡献，作者故居被评为美国国家历史名胜。
作品被选入美国大学教材，成为美国大学生必读书。
作家、资深媒体人郭玉洁 4600 字深入导读。

ASLI PERKER

SOUFFLÉ

忧伤的时候，到厨房去

[土] 爱诗乐·沛克 著　韩玲 译

莉莉娅某天醒来发现，她的婚姻可能并不是看上去那么美好；马克仍然无法面对挚爱的妻子离开后空荡荡的公寓；菲尔达深陷在原生家庭的泥淖中。但是他们都只想做的事情是——随着心中还留下的热情走：带着一颗自由的心灵为真正爱的人下厨。
"看到季节的更替清晰地反映在农贸市场里时，他才第一次明白整个世界就是一件完整的艺术品。"
纽约，巴黎，伊斯坦布尔。三个城市，三场挫败，三个厨房，一曲人生的舒芙蕾之歌。

EN MAN SOM HETER OVE

一个叫欧维的男人

[瑞典] 弗雷德里克·巴克曼 著 宁蒙 译

北欧小说之神巴克曼公认口碑代表作
全球销量超过1000万册,豆瓣读者9.2高分推荐
改编电影被提名奥斯卡最佳外语片
来,认识一下这个内心柔软、充满恒久爱意的男人。

BJÖRNSTAD

熊镇

[瑞典] 弗雷德里克·巴克曼 著 郭腾坚 译

全球热销1300万册的瑞典小说之王
弗雷德里克·巴克曼
《一个叫欧维的男人》《外婆的道歉信》
《清单人生》之后超越式里程碑新作

读第一遍,有100处细节征服你;
读第二遍,又有100处。

我们守护什么,我们就成为什么。

VI MOT ER

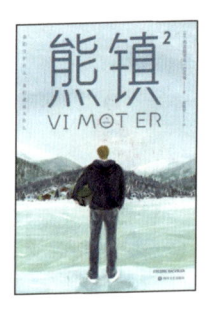

熊镇 2

[瑞典] 弗雷德里克·巴克曼 著 郭腾坚 译

李银河、吴磊、马天宇、冯唐、李尚龙、七堇年、笛安、陶立夏、柏邦妮书单
不仅关于冰球和运动,更写尽了成长为一个真正的人所面临的一切抉择和思索。
我们守护什么,我们就成为什么。

---FREDRIK BACKMAN---

OCH VARJE MORGON BLIR VÄGEN HEM LÄNGRE OCH LÄNGRE

人生第一次

[瑞典] 弗雷德里克·巴克曼 著　余小山 译

第一次相遇，第一次告别，第一次陪伴，第一次的爱。
这个奇妙又温柔的故事，让你想起那些和家人、爱人共度的好时光。
外面世界的精彩，远不敌眼前人的可爱。

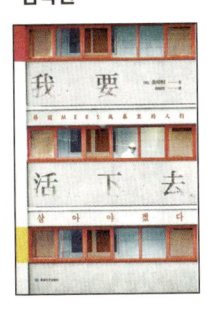

김탁환

살아야겠다

我要活下去

[韩] 金琸桓 著　胡椒筒 译

以 2015 年韩国流行传染病 MERS 为事件背景，以三位普通患者的经历为主线，还原冰冷数字背后一个个真实而有尊严的生命的容貌。
我不是怪物，不是"传播病毒的人"。我和你一样，只是一个被莫名其妙的厄运砸中，拼命想回到平淡日常生活的普通人而已。

공지영

도가니

熔炉（10周年修订版）

[韩] 孔枝泳 著　张琪惠 译

读者票选能代表韩国的作家、韩国文学的自尊心孔枝泳口碑代表作
孔侑念念不忘，亲自投资主演同名电影，位列豆瓣电影 TOP20，评分高达 9.3
韩国前总统李明博激赏，李现、朴赞郁、张嘉佳郑重推荐
**我们一路奋战，不是为了改变世界，
而是为了不让世界改变我们。**

GEORGES PEREC

W OU LE SOUVENIR D'ENFANCE

我私人的奥斯威辛

[法] 乔治·佩雷克 著　樊艳梅 译

卡尔维诺、罗兰·巴特、安妮·埃尔诺一致推崇
龚古尔奖遗珠 | 美第奇文学奖 | 雷多诺文学奖得主
法国当代文学大师 乔治·佩雷克 先锋代表作

以兼有虚构/非虚构的残酷寓言，模糊历史、回忆录和小说的边界，写就宏大历史的碾压下，最独特的个人回忆。
"我没有童年回忆。另一段历史，那段大历史，举着它巨大的斧头，已经替我回答了这个问题：战争、集中营。"

신경숙

엄마를 부탁해

请照顾好我妈妈

[韩] 申京淑 著　薛舟/徐丽红 译

她为家人奉献了一生，却没有人了解她是谁。
缔造 300 万册畅销奇迹的韩国文学神话，获第 5 届英仕曼亚洲文学奖
作者申京淑为第一位获得此奖的女性作家
读完这本书，我很想给妈妈打个电话，问她：
"妈妈，你也曾有自己的梦想吧？"

JEREMY CLARKSON

DIDDLY SQUAT

克拉克森的农场

[英] 杰里米·克拉克森 著　吴超 译

英国各大媒体霸榜之作，仅在英国就销出 45 万册！
开着兰博基尼拖拉机去种地，一个植物杀手的另类自然随笔！
一个当红汽车节目主持人、专栏作家，一个屡屡登上英国媒体黑榜的暴躁老头；一个分不清大麦小麦的人，一个植物杀手，突发奇想去经营农场。**克拉克森会让你见识到一什么叫无可救药的乐观主义！**

권여선

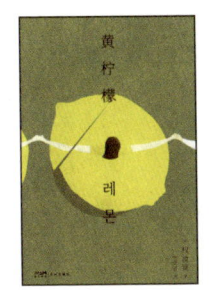

레몬
黄柠檬

[韩] 权汝宣 著 叶蕾蕾 译

黄柠檬,是姐姐死前穿的连衣裙的颜色。
如今,它是复仇的颜色。
50位韩国作家票选2019年年度小说!
纽约时报编辑选书,Crimereads年度最佳犯罪小说
一本小说版的《寄生虫》,悬疑与情感交织的心灵之诗
若有一天神也对我们闭上双眼,我们该如何面对人生的废墟?

CAROL RIFKA BRUNT

TELL THE WOLVES I'M HOME
告诉狼们我回家了

[美] 卡萝·瑞夫卡·布朗特 著 华静文 译

《杀死一只知更鸟》之后,我们终于再次等到一本感人至深的成长经典。横扫《出版人周刊》《纽约时报》等各大畅销榜,入围国际å柏林奖长名单,获评全球亚马逊编辑推荐年度最佳图书。
世界上,有各种各样的爱,这些爱很难用"对"或"不对", "好"或"不好"去定义和评判。爱是需要学习的,如何去爱,如何去表达爱。

JÓN KALMAN STEFÁNSSON

MENN I MIN SITUASJON
处境如我

[挪威] 佩尔·帕特森 著 宁蒙 译

挪威国民作家佩尔·帕特森《外出偷马》后最新力作。
描述了苦闷忧伤的作家阿尔维·扬森于1992年9月的一个星期日在奥斯陆的种种经历,运用大量细节描写和意识流手法构建了一个交错凌乱的时空,并在语言上形成了独特的风格,充满了北欧的冷冽与寂静。
每个人的一生中,都有一段不愿与之和解的伤痛。

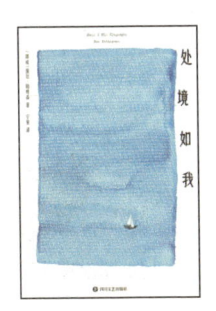

—— JÓN KALMAN STEFÁNSSON 冰岛三部曲 ——

HIMNARÍKI OG HELVÍTI

没有你,什么都不甜蜜

[冰岛] 约恩·卡尔曼·斯特凡松 著 李静滢 译

冰岛值得阅读的桂冠级诗人小说家,入围2017年布克文学奖
一场大风雪,一个男孩的三天三夜,那个古老迷人的冰岛世界。

HARMUR ENGLANNA

天使的忧伤

[冰岛] 约恩·卡尔曼·斯特凡松 著 李静滢 译

冰岛桂冠级小说家,诺贝尔文学奖实力候选
英、法、西、德、冰、丹、挪等权威媒体盛赞
本书"天堂般美妙""每一段都像诗""不可替代的光芒""美的奇迹"。
无尽的风雪、海浪群山,一个男孩和一个邮差的奇异之旅。

HJARTA MANNSINS

世界尽头的写信人

[冰岛] 约恩·卡尔曼·斯特凡松 著 李静滢 译

当空中有云,海里有帆,鱼群昼夜不停。我想给你写信。
诺奖实力候选人、冰岛桂冠级诗人小说家斯特凡松
步入世界文坛代表作,译为27种语言。
我们在字里行间纠缠着爱,所以才有了历史。

MARIA SEMPLE

WHERE'D YOU GO, BERNADETTE
伯纳黛特，你要去哪

[美] 玛利亚·森普尔 著　何雨珈 译

"大魔王"凯特·布兰切特被小说折服，主演同名电影
席卷46国，全球销量超过700万册！
蝉联《纽约时报》畅销榜、美国国家公共电台畅销榜
长达88周 Goodreads 超过30万读者打出满分好评
136家媒体"年度图书"推选！

조해진

단순한 진심
单纯的真心

[韩] 赵海珍 著　梅雪 译

我是被亲生父母抛弃的孩子，却也是被陌生人珍视的孩子。
著名韩国作家殷熙耕、《82年生的金智英》作者赵南柱
挚爱作家赵海珍
金万重文学奖、大山文学奖获奖作首度引进。
一个关于寻找名字的故事。我们每个人的名字，都是我们
曾在这世上存在的证据。

김호연

불편한 편의점
不便的便利店

[韩] 金浩然 著　朱萱 译

无论是什么关系，只要能一起吃炸鸡，就是一家人。
韩国小说家金浩然人气代表作，《请回答1988》
之后，最有人情味的胡同故事。
上市1年售出80万册，韩国25座城市市民票选
2022年年度之书。
生活就是一种关系，而关系就在于沟通。幸福并不
遥远，它就在和身边人分享心声的过程当中。

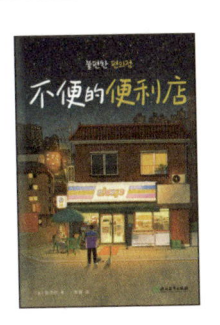

ERLEND LOE

NAIV.SUPER.

我是个年轻人，我心情不太好（20周年纪念版）

[挪威] 阿澜·卢 著　宁蒙 译

北欧畅销书，挪威版《麦田里的守望者》
被无数读者津津乐道20年。
献给每一个迷茫的孩子和心情不太好的大人。

DOPPLER

我不喜欢人类，我想住进森林

[挪威] 阿澜·卢 著　宁蒙 译

北欧畅销小说《我是个年轻人，我心情不太好》第二季
被无数读者津津乐道15年并畅销不衰，风靡全球41国。打动了每一个在现代都市中生活、扮演某种角色，并感到疲倦的人。
逃避不可耻，还很有用。

L

我的人生空虚，我想干票大的

[挪威] 阿澜·卢 著　宁蒙 译

北欧畅销小说《我是个年轻人，我心情不太好》炫酷新作。

哪怕一件事并不科学，也不一定是件坏事。比如说，爱就是不科学的，而做一次注定会失败的尝试，是真的毫无意义吗？

被无数读者津津乐道20年并畅销不衰，风靡全球41国。打动了每一个在现代都市中感到年龄焦虑，情绪枯竭，觉得人生没有意义的人。

DANIEL WALLACE

BIG FISH

大鱼

[美] 丹尼尔·华莱士 著 宁蒙译

出版 20 周年修订典藏版
豆瓣电影总榜 TOP100 口碑神作原著!
精彩程度不输电影!

不要相信所谓真的,相信你所爱的。

조남주

82 년생 김지영

82 年生的金智英(2021 读者互动版)

[韩] 赵南柱 著 尹嘉玄 译

豆瓣 2019 年年度受关注图书,《新京报》年度好书,《新周刊》年度书单
孔刘、郑裕美主演同名电影,郑裕美凭此片荣获影后

愿世间每一个女儿,都可以怀抱更远大、更无限的梦想。

2021 新版,编辑部特制作独立附册"觉醒与回响",精选 15 封具有代表性、令人触动的信件,这些信件均获得了读者本人的授权。

귤의 맛

橘子的滋味

[韩] 赵南柱 著 朴春燮 / 王福栋 译

《82 年生的金智英》作者赵南柱耗时五年全新力作,
书写青春期绿色的苦涩、黑色的迷茫、橘色的温柔。
她们哭着、笑着,共同治愈心灵的创伤,一同长大。
回望那个把重要的祈愿埋进时光胶囊的夜晚,她们终于
能说出——**有你在,真是万幸。**

蟲師
虫师

[日] 漆原友纪 日本株式会社讲谈社 单元皓 译

日本文艺漫画经典,时代的眼泪

日本讲谈社首度官方授权简体中文版
《虫师》盒装爱藏版(全10卷 + 特别篇)
2003 年获日本文化省媒体艺术节漫画类优秀奖
日本文化厅日本媒体艺术 100 选排名第 9,超过
《海贼王》《全职猎人》。

JONATHAN LITTELL

LES BIENVEILLANTES
善良的人

[美] 乔纳森·利特尔 著　蔡孟贞 译

龚古尔文学奖、法兰西学院小说大奖双料得奖之作
从青年知识分子,到刽子手。伴随他的除了步步高升,
还有噩梦、眼泪和呕吐物。
一部纳粹军官的回忆录,揭露内心的痛苦、挣扎、阴暗
与不堪。每个对自己有期望的读者都不应该错过这本书。

LISA GENOVA

EVERY NOTE PLAYED
无声的音符

[美] 莉萨·吉诺瓦 著　姚瑶 译

人如何生活,取决于他认为自己还有多少时间。

第 87 届奥斯卡金像奖获奖影片《依然爱丽丝》原著小说
作者,哈佛大学神经学博士莉萨·吉诺瓦撼动人心之作!
入选 2017 年 Goodreads 年度最佳小说,美国亚马逊接
近满分好评。

**第一本以"渐冻人症"患者为主角的小说,这本书让你
重新认识生命。**

WILLIAM KRUEGER

ORDINARY GRACE

纯真挽歌

[美] 威廉·克鲁格 著 于果果 译

美国悬疑大师威廉·克鲁格巅峰之作——中文世界首度引进

横扫爱伦坡最佳小说奖等 8 项重要文学大奖 |《出版人周刊》&《纽约时报》畅销书

悬疑框架 + 成长故事, 情节抓人、荡气回肠、翻页即沦陷!
铁轨旁的河里浮着一抹红色, 那是姐姐摇曳的红裙……这个故事会停在你的灵魂里, 陪伴你很久。

THIS TENDER LAND

温柔之地

[美] 威廉·克鲁格 著 于果果 译

美国悬疑大师威廉·克鲁格 继《纯真挽歌》后又一突破之作, 巴诺书店、美国独立书商协会、美国图书馆协会年度之书。

1932 年一个夏夜, 我杀了人。
我杀死了那个对我预谋不轨的校工, 逃出了那个让我痛苦不已的寄宿学校。我的哥哥艾伯特、好朋友摩西、妹妹般的艾米决定陪我一起踏上逃亡之路。

DAMON GALGUT

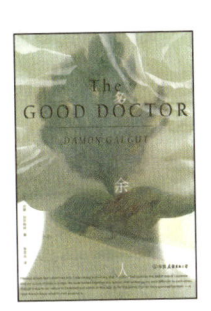

THE GOOD DOCTOR

多余人

[南非] 达蒙·加尔格特 著 朱亚云 译

凭借《承诺》摘得布克奖的南非作家达蒙·加尔格特的又一著作。欧美文学世界中鲜见的厚重与敏感。写尽理想主义者的天真幻灭和愤世嫉俗者的虚无迷茫。是对人性的不懈探索, 也是对历史与现实的人文主义关怀。似真似幻的故事中, 窥问当下社会生活中迷茫天真的你我, 所处的相似困境。

在这荒凉年代, 天真是一种精神错乱。

武志红

为何家会伤人（百万畅销纪念版）

武志红 著

知名心理学家武志红
从业25年来公认口碑代表作！
100万册畅销纪念版，
中国家庭问题第一书！

家是港湾，爱是退路。

和另一个自己谈谈心

武志红 著

百万级畅销书《为何家会伤人》作者、知名心理学家武志红 2021 温柔新作
四合一便携小开本，提炼从业 20 多年来思想精华，随时随地反复阅读

拆解为孤独、自恋、成长、梦想的四本分册，对应人生四大课题。挖掘现象下的潜意识，展现思维盲区，剖析行为背后深层的心理动机。对于刚刚接触心理学，或有自我探索需求的读者很友好，适合作为入门书。

深度关系

武志红 著

独创自我认知工具"人性坐标体系"，深度剖析情绪内耗根源"全能自恋"
知名心理学家武志红继《为何家会伤人》之后，有关自我、自恋和关系的又一里程碑式作品，凝聚二十多年实践与思考结晶。

在本书中，武志红老师将带你深入剖析全能自恋的四个表现；运用"人性坐标体系"方法，讲解如何与他人建立平等、深度的关系，而非追求在权力上位的自恋；破除头脑对你的控制，发展出真正的自信。

NICHOLAS D. KRISTOF & SHERYL WUDUNN

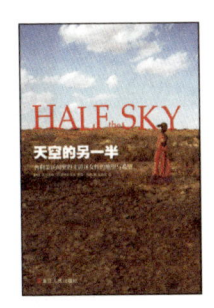

HALF THE SKY

天空的另一半

[美] 尼可拉斯·D. 克里斯多夫 雪莉·邓恩 著
吴茵茵 译

每一个地球公民的必读书。——比尔 · 盖茨
普利策新闻奖得主讲述女性的绝望与希望。

A PATH APPEARS

天空的另一半 2

[美] 尼可拉斯·D. 克里斯多夫 雪莉·邓恩 著
张孝铎 译

一本写给每个世界公民的慈善行动手册
普利策新闻奖得主深入探访全球弱势群体，用 19 个故事告诉你何谓"善者生存"。

只有我们付出的，才是我们拥有的。

THOR HEYERDAHL

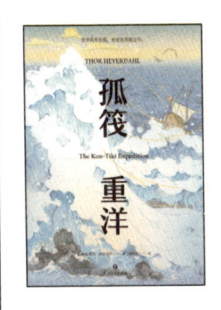

THE KON-TIKI

孤筏重洋

[挪威] 托尔·海尔达尔 著　吴丽玫 译

畅销 70 年，被译介为 156 个版本，全球销量超过 3500 万册！入选联合国《世界记忆名录》，改编电影提名奥斯卡最佳外语片。
木筏横渡太平洋！

ROSA MONTERO

NOSOTRAS：HISTORIAS DE MUJERES Y ALGO MÁS
女性小传

[西] 罗莎·蒙特罗 著　罗秀译

一部女性心灵史，大胆呈现女性身上全部和完整的人性
西班牙国家文学奖得主罗莎·蒙特罗女性领域经典力作
用炙热而耐人的文字，写下阿加莎·克里斯蒂、波伏瓦、弗里达、武则天等106位杰出女性的低吟与沸腾。

MELINDA GATES

THE MOMENT OF LIFT
女性的时刻

[美] 梅琳达·盖茨 著　齐彦婧译

比尔·盖茨夫人、《福布斯》权力榜女性领袖梅琳达·盖茨首度出书
比尔·盖茨亲自晒书推荐，入选奥巴马年度书单，巴菲特、奥普拉、马拉拉、艾玛·沃森、杨澜联合推荐！她和她讲述的女性故事，激励每个人摆脱无力感，认识到自身无限潜能；分享全球女性的困境与抗争，分享个人成长经历、微软职业经历、与比尔·盖茨的相恋过程和婚姻生活。

CHERYL STRAYED

WILD
走出荒野

[美] 谢丽尔·斯特雷德 著
靳婷婷　张怀强译

连续126周盘踞《纽约时报》畅销榜！
仅美国就卖出300万册！
罕见地横扫17项年度图书大奖！版权售出40国！
每个人的生命中，都有一片荒野，
需要你自己探出一条路来。

CAITLIN DOUGHTY

SMOKE GETS IN YOUR EYES
好好告别

[美] 凯特琳·道蒂 著 崔倩倩 译

媒体力赞——"大开眼界""一本改变你死亡观的书""不被道蒂的讲述启发是不可能的""让你一路笑不停的奇书"!!
我们越了解死亡,就越了解自己。

FROM HERE TO ETERNITY: TRAVELING THE WORLD TO FIND THE GOOD DEATH
好好告别
世界葬礼观察手记

[美] 凯特琳·道蒂 著 崔倩倩 译

美国传奇殡葬师凯特琳·道蒂游历印尼、日本、墨西哥等10余个国家和地区,亲身走访科罗拉多州的露天火葬、印尼公共墓室、墨西哥亡灵节、日本琉璃殿骨灰供奉等。在这些葬礼文化中,既蕴涵着当地的历史传统,也让我们看到关于葬礼更多的可能性。
我们没有义务远离死亡,也没有义务对死亡感到羞耻。

WILL MY CAT EAT MY EYEBALLS?
猫咪会吃掉我的眼珠子吗?

[美] 凯特琳·道蒂 著 崔倩倩 译

Goodreads 读者奖,《纽约时报》畅销书
作者是愿意回答各种奇怪问题的传奇殡葬师凯特琳·道蒂
直接 大胆 精彩 爆笑 涨知识 深有启发
一本书扫除认知盲区,满足所有好奇心,原来谈"死"可以这么有趣!

吴晓乐

可是我偏偏不喜欢

吴晓乐 著

也许他们说的都是对的,也许符合标准的人生都是很好很好的——可是我偏偏不喜欢。

《你的孩子不是你的孩子》作者吴晓乐非虚构力作,关于性别、成长、职业选择、梦想、与家人关系等主题的 21 篇犀利随笔。

献给和社会格格不入的你。

你的孩子不是你的孩子

吴晓乐 著

一位家庭教师长达 8 年的观察,9 个震撼人心的真实家庭故事。

数月雄踞博客来总榜 No.1,同名网剧被称为"中国台湾版《黑镜》"。

这世间最可怕的伤害,打的旗号叫"为你好"。

CRAIG CHILDS

THE ANIMAL DIALOGUES

遇见动物的时刻

[美] 克雷格·查尔兹 著 韩玲 译

克雷格·查尔兹的大半生都在荒野中探险。他写下自己与 30 多种动物的偶遇过程,他了解每一种动物的生活习性和动物王国中蕴含的野性之美。每一次相遇,他都将自身还原为生命的原始状态,去感受自然界的生存、繁衍、搏斗与死亡。

本书献给每一个热爱动物的孩子和大人,让你的世界宽阔而柔软。

ROBYN DAVIDSON

TRACKS
我独自穿越沙漠

[澳] 罗宾·戴维森 著 袁田 译

一次澳大利亚洲内陆的探索与发现之旅,也是一个女人单纯且充满激情地寻找自我和追随内心的精神冒险之旅。

1975 年,27 岁的普通澳大利亚普通女子罗宾·戴维森,来到澳大利亚爱丽丝泉,学习和了解骆驼的习性和以及喂养、训练它们的相关技巧。两年后,凭着那股对沙漠和自我探寻的渴望,罗宾接受美国《国家地理》杂志的资金支持,带上四匹骆驼、一条狗,踏上穿越澳大利亚腹地 2000 多公里的沙漠的征程。

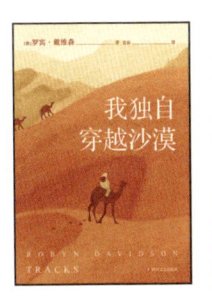

VIVIAN MAIER

VIVIAN MAIER: STREET PHOTOGRAPHER
我是这个世界的间谍:薇薇安·迈尔街拍精选摄影集

VIVIAN MAIER: SELF-PORTRAITS
我与这个世界的距离:薇薇安·迈尔自拍精选摄影集

[美] 薇薇安·迈尔 摄 约翰·马卢夫 编

"她用孤独隐秘的一生,服事了影像的光辉与不朽。"
街头摄影界的凡·高
传奇保姆摄影师薇薇安·迈尔隐没 60 年作品
精装、大开本首度原版呈现
"这些是她最棒的一些照片,也许也是她留下的作品中最有启发性的了。"——《洛杉矶时报》

出 品 人	沈浩波

产品经理	赵士华　宋紫薇　王梵琳　张楚伦　曹凯云　贺莹莹　牛长红　杨沁语
营销编辑	王舞笛　季凡琳
书目设计	付诗意　沐希设计　拾拾

主　编｜王传先　任菲

豆瓣账号	大鱼读品	联系邮箱	bigfishbooks@xiron.net.cn
地　　址	北京市朝阳区万科时代·奥林B座		

微信公众号
大鱼读品 BigFish

微博
大鱼读品 BigFish

小红书
大鱼读品 BigFish

观我老公,年纪有了,学历又不漂亮,讲话的说服力就输人一截。我自己更惨,最高学历只有初中,巧艺的弟弟上小学那阵子,我想出去工作赚钱,毕竟栽培小孩很花钱。之后的事情巧艺八成也跟你说过了,我丢出很多简历,可是叫我去面试的工作都很糟,娘家看不下去,要我回老家采茶。"

见我茶杯空了,巧艺的母亲站起身来,打开冰箱拿了一瓶葡萄汁给我。

她自己也拿了一瓶柳橙汁,插上吸管喝了一口,便抓紧时间地说了下去:"我跟丈夫很早就约法三章,不能让小孩走上我们的路,可是,我们自己也不会念书,怎么教?巧艺小学六年级那年,拿一张英文考卷来问我,整张考卷我看得懂的字没几个。我跟她说:'妈妈不会,你可以去问老师。'巧艺回答我:'可是老师不喜欢我们占用她的下课时间。'她那失望的表情,我这做妈的,看了真是心如刀割……"

"可以跟老师反映看看?"

"不行,这种方式很危险,一个不小心,巧艺会被老师盯上。我不想让老师认为我是个'要求很多'的家长,再说,这么简单的英文也不会,是我自己的错。"

"所以,阿姨就决定让巧艺之后念私校了?"

"对。我听人家说,私校的老师比较积极,教学方式比较活泼。重要的是——私校很在乎家长的感受,一旦对哪个老师的作风有疑虑,可以马上提出意见,校方也会很正经地面对,跟公立学校的风气大不相同，我听了就很心动，觉得自己再怎么拼命，也一定要让自己的小孩享受到不错的教育环境。巧艺小学一毕业，我就把她送去私校，她弟弟也比照办理。"

她叹了口气："我比所有人都清楚，这样的支出是不小的负担。我不晓得巧艺是怎么想我，想她爸，想这个家庭的。我只在乎一件事，我想给他们我觉得最好的事物。巧艺现在可能很不满，但多年之后她再回头看时，说不定会有不一样的想法。"

玄关传来喧闹的声音，巧艺带着弟弟回来了。

巧艺的母亲换上笑脸，起身去给一对儿女开门，即使她脸上深凿着劳碌的风霜，眼中却闪着熠熠的光芒。在那一刻，我可以感受到她非常爱她的小孩。

*

巧艺考上了排名颇为靠前的公立大学。

这不能算是我的功劳，是她自己的。

考前几个月，她很坚定地告诉我，公立大学跟私立大学在学费上的差额，多少可以贴补弟弟就读私立高中的学费。之后，她全心全意以公立大学为目标。

发榜那天，巧艺的母亲打了通电话过来，这是我们第二次谈话："老师，我不晓得该怎么跟你说，我从来没想过，我们家有人可以念到这么好的学校。很抱歉，我最近还是很忙，没办法请老师吃饭,但我给老师准备了礼物,很简单啦,希望老师不要见笑……"

我请巧艺吃饭时,巧艺交给我一个纸袋,脸色有些尴尬。

"姐姐,你不要太期待,不然你会失望的。"

我撕开纸袋上头的淡紫色纸胶带,是一盒手工巧克力饼干。

"妈妈亲自做的。我跟她说你喜欢吃巧克力。"

"哇,好贵重的礼物。"

"哪有,材料费加一加搞不好不到一百元,很便宜好不好。"

巧艺的嘴里还有食物,她的话全黏在一起。

我想起那条手帕,那条一千二的白底蓝点手帕。我也想起那对任劳任怨的父母,他那日益光秃的后脑、她微白的发丝,还有他们夫妻俩共同拥有的标记:一双疲惫的眼睛。我突然感到情绪非常低落,但我没有表现出来,今日聚餐是为了庆祝巧艺考完试,我不想破坏气氛。

在故事一开始我提过,我经常把巧艺记成我的第一位学生。

有一种说法是,踏入任一职场环境时,最初的工作经验会影响到这个人之后对这份工作的理解与心态,我个人很认同这一观点。巧艺带给我的影响,有正面的,自然也有负面的。在巧艺之后,我掉进一个教学上的窠臼,我自以为可以复制类似的成功经验,但我错了。

在巧艺之后,我进入一个富裕的家庭教书,学生正是巧艺口中"有钱到爆炸"的孩子。

那个学生很调皮，前几堂课，罔顾我的臭脸，一再低头玩手机。

有一次，我忍不住动了气，提高音量训他："你再这样下去，我很难跟你父母交代。"

那位学生终于抬起头来看我一眼，片刻后，他露出微笑，现出小小的虎牙："老师，你不用太紧张啦，反正我考得再烂，我爸还是会帮我的。我姐之前也考得不怎么样，我爸打一通电话，还不是进去 D 学校读书了？老师，你放轻松一点嘛，不要给自己太大压力，OK？"

他甚至比出一个 OK 的手势。

在那个瞬间，我强烈地思念巧艺，思念那对为了子女而奔波的父母。

巧艺没有多少退路，相反地，这位学生的父亲给他铺好了太多条退路。

我也想起巧艺母亲的那句话："多年之后她再回头看时，说不定会有不一样的想法。"

第 5 个家
他没有家了

这世界上最伤人的话是什么？
"其实当初生下你不是我的意思。"

The fragile world beneath

来挑选一句话吧，一句世界上最伤人的话。一句话就叫人痛彻心扉，像是被谁从中刺穿，穿破肺叶，再也无法好好说话。要我选，我认为那句话应该是："我一点也不在乎你。"

我不是原创者，这句话是白瑞德教我的。

《乱世佳人》中，受不了郝思嘉反复带来的伤害，白瑞德在故事最终，对着深爱多年的郝思嘉如此说道："Frankly, my dear, I don't give a damn."（坦白说，亲爱的，我一点也不在乎了。）这句话曾经在美国电影协会的民意调查中，拔得"百大电影经典名句"的头筹。

"所以，"我刻意放缓语速，"就是这句话了，'我一点也不在乎你'，特蕾莎修女不也说过，'爱的反面不是恨，是漠不关心'？就是这句话了，再也没有比这句话更伤人的了。"

坐在对面的陈小乖扁着嘴，死死地瞪着我，一副不以为然的样子。

"不然呢?"我没好气地反问。

陈小乖把视线从我身上移开,转向窗外。此时已经是十点零三分,季节快要入冬。我跟他坐在星巴克里,桌上是两杯星冰乐。星巴克是陈小乖指定的上课地点,星冰乐是他最中意的饮品。不过,桌上的星冰乐已经放了近三个小时,融化后的奶油与冰块混合在一起,成为一种浓稠的甜腻液体。我起身去倒水。

课程原定九点结束,陈小乖还不想回家,他在九点十分时拜托我九点半再走,于是我多讲了一段,到九点半,他又改口说十点再走。我已经有些疲倦,想回家了。

我问陈小乖:"你今天是怎么了?"

他不说话,神情有些异常,欲言又止。九点三十五分,在我胸中的不耐烦即将爆炸的前一秒,他开口了:"老师,我问你哦,你觉得这世界上最伤人的话是什么?"

"我不想回答你,我很想睡,也没有义务回答这个问题。"

"你回答,我就回家,你也可以回去睡觉。"

陈小乖的眼中有难得的执着,他之前不曾用这种眼神注视我。我有些困惑,不懂这个问题的意义,但我必须摆平他,让他满意。唯有让他彻底地服气,我才能早一点碰到我软硬适中的床。几分钟内,我的倦意又上升了。

九点四十七分,我交出答案,并尽责地花了十分钟简述郝思嘉与白瑞德之间难解的纠葛。陈小乖该接受我的答案的,毕竟

《乱世佳人》逼出我不少青春的眼泪，陈小乖也青春，他才十四岁多一点，应该会懂。

可是他不喜欢我的答案："不对，这不够伤，这不是最伤人的话。"

我心中的负面情绪一点一滴地攀升，早在一小时前，我就该离开这里，上课时间早已结束了，换句话说，不必履行家教的义务了，我下班了。

"那你想出一个更好的答案啊！"我的语气不太友善，几乎是挑衅了。

陈小乖侧过脸，没有看我。

他没有说话，我越来越烦，搞不懂他究竟在玩什么把戏。

他再次开口时声音非常细微。

"这个问题的答案或许是，有一天，你的母亲告诉你：'其实当初生下你不是我的意思。'听到这句话，你会觉得……你的世界从地板开始裂开，你不晓得自己可以站在哪里……"

*

陈小乖是我最奇特的案例。一个平凡无奇的夜晚，我接到一通电话，甫接起，对方劈头就是一串飞快的自我介绍："我是张胖胖的同学，我看到他最近模拟考进步很多，他说是有你在帮忙，感觉似乎不错。我跟张胖胖问了你的电话，打算找你来当我的家教。噢，对了，我叫陈定维，你可以直接叫我小乖，大家都叫我小乖，你叫我陈定维，我反而有些不自在。"

我眉心一皱，把手机拿开一点，看了一眼来电号码：陌生的数字。

我不禁怀疑这是一通恶作剧，但张胖胖确实是我的学生。

"张胖胖在你旁边吗？叫他接电话。"

"他怎么可能会在我旁边？已经很晚了。"

"那你的父母呢？"我耐着性子。

"我的父母？"话筒另一端的年轻声音有些错愕。

"既然你说要找家教，照理讲该由你的父母来与我接洽吧？"

"他们根本就不管我，我想做什么就做什么。反正我请家教也不是坏事，他们不会有意见的。再说……"声音顿了一下，"我的父母很忙，没有时间面试你。"

"没时间面试我，那发薪水的时候怎么办？"

"我会给你薪水。"声音微微上扬，可以想见话筒另一端的神气。

"你？"我算了一下，既然跟张胖胖是同学，也才十四岁。

"你不用担心，我会跟我的父母'请款'，他们给我钱，我再把钱交给你。我跟我目前的数学家教也是这么做。然后啊，时薪随便你开，只要数字不要太夸张，我的父母不会跟老师计较金钱方面的事。"声音又顿了一下，轻松地说道，"我的父母很有钱啦，你不用担心，就像我目前的数学家教时薪一千元，你也可以讨论看看啊,我父母不会省这种小钱。"

我眉心一皱,和这孩子的通话时间越长,我越受不了他说话的方式。

"好,我知道了,给我几分钟,待会儿再跟你联络。"

挂断电话之后,我看了一眼时钟,九点。

思索了几秒,我打给出卖我的张胖胖。

"哎,你怎么没经过我的同意,就把我的手机号码给别人?"

"因为陈小乖一直问啊……"胖胖自己也很委屈似的。

"这个陈小乖到底是谁,为什么他说话这么嚣张?好像很怕人家不知道他家里很有钱似的。"

话筒里传来胖胖厚实的呵呵笑:"他家是真的很有钱啊!"

像是想到了什么,胖胖压低了声音:"可是,老师,我跟你说,你如果有时间啊,可以教他一下,因为我觉得,他其实很可怜……"

"为什么?"

"我听同学说的啦,我自己也不是很确定……听说他家有点奇怪,爸妈好像没有住在一起。他的妈妈来过我们学校一次,穿得很像酒店小姐,我们班都偷偷在传,他搞不好是酒家女的私生子。老师你刚刚接他的电话,他开口闭口都在说家里多有钱对吧?不要觉得奇怪,他在我们班也是这样,一天到晚炫耀自己的衣服、鞋子有多贵。我觉得啊,他内心搞不好很空虚,只好用这种方式来留住身边的人。全班同学都很清楚他家很有钱啊,会跟他交朋友，还不是想看看能不能得到什么好处，跟陈小乖出去，他心情好的时候会请客哦。"

胖胖的叙述，不知怎么，轻敲到我内心深处。

九点半，我用短信回复陈小乖："我可以教你，时薪就参照胖胖的。"

不到一分钟，我就收到他的回信，没有文字，只送来一枚笑脸。

陈小乖开宗明义地指出，我们不能在他家上课。理由是家里很乱，不好意思见客。于是第一堂课，我们约在星巴克，距离他家大约一公里。

"你怎么来的？"他抵达之后，我问。

"搭出租车。"

"这么短的距离也搭出租车？"

"对啊。反正这么短的距离司机也载啊。"他耸了耸肩，一副不置可否的姿态。

我几乎要被他吊儿郎当的态度给激怒了。

胖胖的言语适时自耳边响起，我按捺住脾气，坐了下来。

第一堂课，我通常会建议学生准备以往的成绩单，好方便我快速检视一下该学生的学习情况，也可以依照学生的科目强弱，搭配出相对应的读书时间。陈小乖的成绩很优秀，数学成绩很出色，语文、社会稍弱。我稍微观察了一下，只要加把劲，第一志愿也是有望的。

但我把这些藏在心底，陈小乖不是那种需要赞美的学生。他有些太骄傲了。

*

几堂课下来，我发现陈小乖很在乎钱。

认识未及一个月，他就很正经地问我："老师，假如我考上第一志愿，你会送我什么礼物？"

"我什么礼物也不会送给你。"

"啊？这么小气……我奶奶已经答应我，考上第一志愿，就给我五万哦。"

他鼻孔朝天地比出五根手指头。

我看着他，问道："小乖，你觉得考得好，是为了自己，还是为了取悦别人？"

他停了一下，表情很挣扎，答得有些犹豫："我不知道，但假如我考得好，我很开心，大家也会很开心，我又能拿到很多礼物，这样不好吗？"

"小乖，我是这样想的，这是你的人生，就像是你有一块田，你认真去耕耘，最后结出漂亮的果实，这些果实就是你个人最好的礼物。别人看到你长出很好的果实，也许很开心，送你贵重的礼物，但也可能他的财力有限，只能给你祝福。"

我想了一下，如何让他明白我的意思："送你礼物，也许代表那个人很在乎你,倒过来想,没送你礼物,难道就意味着那个人不在乎你吗?就像我,自第一次上课至基测,我对你所付出的时间与精力,难道会因为我没有送你礼物,就跟着消失了?"

"但我还是想得到礼物……"他的语气有些闷。

看得出来,物质礼品似乎是他确认感情的方式。

"会的,小乖,我会请你吃一顿饭,但这并非你'考得好'的奖励,而是因为你'很认真地面对了大考这件事',因为你完整地走过了这个过程,我请你吃一顿饭,无关成绩好坏,最重要的是你处理这个人生阶段的态度,而非成果。"

"即使考不好,还是会请我吃饭吗?"

"对啊。"

陈小乖的手支撑着下巴,没有看向我。

除了对物质的执着之外,我不得不承认,在纨绔子弟的外表底下,陈小乖在学习上像是一块吸水海绵。但凡我提过的主题,他都牢牢记在心底。他喜欢学习,对于知识的摄取也真心感兴趣,对任何领域他都有好奇心,这一点不仅反映在他拿手的数学上,哪怕是他较不擅长的语文与社会,他也抱持着开放的心态去面对。有时候,我直接指明这个课程可能已经进入高中课程的范畴,一般学生听到了会打住,但陈小乖不是,他会示意我继续说下去。他求知,不完全是为了分数。我开始不那么讨厌他,还有些喜欢他，跟他相处，有那么一些教学相长的愉悦，这是我与其他学生相处时无法营造出的。

日子一久，我也察觉到一件很微妙的事：陈小乖很少谈及父母，更精确一点说，他从来不提家人。来往两三个月之后，我对他的背景了解得仍十分单薄，只能确定他有个妹妹，他和妹妹目前跟母亲住在一起。谈到他唯一的手足，他的口吻多了一些柔软："她现在很三八，喜欢穿那种很多蕾丝的衣服，自以为是迪士尼的小公主。"

听得出来，陈小乖很在乎他妹妹。

但我也感觉得出来，"家庭"对他来说是非常敏感的字眼，每回，只是稍微地擦过这个议题的边缘，他便立刻显露出慌张的样子，急着变换对话的主题。

在我们尚未做好心理准备的状况下，小乖的母亲突然出现了。

那天，我印象很深刻。快到九点，陈小乖趴在桌子上慵懒地做着练习题，我双手抱胸靠在椅子上，课程快要结束了，我们的心情都有些轻盈。

我注意到有个女人上了二楼，起初并没有放在心上，这里是星巴克，随时都有人上上下下。但那个女人朝着我与小乖大步流星地走过来，她穿亮橘色渐层上衣，领口极低，胸部随着她的步伐呈现剧烈的起伏。

女人在我们桌前停下来。"陈定维。"她叫道。我吓了一跳。

陈小乖浑身一震,抬起头来,神色很僵硬:"妈,你怎么来了?"

听到陈小乖对女人的称谓,我飞快地从椅子上跳起来,恭敬地打招呼。

女人笑了笑,挥手表示收到了,要我坐下:"哎呀,吓到老师了,因为我刚好路过,想起今天是星期五,我儿子会在星巴克上课,可以顺便接他回家。"

女人转过去看着小乖,亲密地拍了一下他的肩膀。

"你怎么不接妈妈的电话?我找你找得很累呀。"

陈小乖转头看着我。尴尬、不安和许多难以辨识的情绪,在他脸上交替出现。他仓促地整理了一下桌上散乱的讲义与考卷,低着头跟我说再见,急急地下了楼梯。他的母亲见状,回头对我微笑致意,也跟了上去。

顺着他们母子俩的方向望去,对街停着一台亮眼的宝马。一名男子斜倚在宝马上抽烟,见到他们母子下楼,没有说话,把烟扔在地上,鞋尖对着烟蒂碾了几下,然后钻进驾驶座里。小乖的母亲上了副驾驶座,小乖打开后方的车门,先把书包甩进去,接着站在车外,指尖握着车门把手,停了几秒钟,才进入车内。

我看着,直到一个转弯,车子完全驶离视线,才回头准备离开。

下一次上课,在我开口之前,陈小乖抢先解释:"老师,上次的事情，你不要太介意，我妈平常的穿衣风格就是这样，谁都劝不动她，我外婆已经放弃说教了。"

他的神色别扭。

我点了点头，没有多想地问道："那天来载你的，是你的爸爸吗？"

出乎意料地，陈小乖的脸色垮了下来，反应异常激动："他——才不是我的爸爸！"似乎发觉自己的反应太夸张了，他深呼吸了几回，这才不疾不徐地说道，"他是叔叔，是妈妈的朋友，他不是我爸爸。"

我识趣地回了一声"哦"，打开手上的讲义，表示可以开始上课了。

他俯身从提包里取出题目，脸色不是很好看。

如果说，"陈小乖的家庭"是个不可碰触的议题，这就是我第一次碰触到这议题的边缘。之后，有很长一阵子，我再没遇到过他母亲。每到月底，小乖会定时交给我薪水，他的表现也很稳定，我找不到与他家人联络的必要性。

在我心中，这个议题像是一只蛰伏在地表下的怪兽，偶尔可以感觉到它的呼吸起伏、它隐约的脉动，但是陈小乖很擅长压抑，他避免话题延伸到家人的所有可能，故作轻松地把话题转到其他事物上。也有的时候，他警觉到我正在窥探他的私生活，便嬉皮笑脸地指着自己身上的衣饰，极尽夸张之能事地细数这些物件的来历、定价，是哪个国家的舶来品，是否限量版，他当初又是怎么想方设法弄来这件宝贝的。

与此同时，他的成绩稳定地往上爬。陈小乖的打扮穿搭特立独行，但对课业倒是挺讲究的，如期完成各科老师布置的作业，偶尔也会拜托我给他找更难、更有鉴别度的习题，他是个很能适应台湾考试生态的学生，喜欢题海战术，也喜欢跟我讨论出题者的想法。

他的聪明带有一些"机巧"，他想找出出题老师在玩什么把戏、设了什么陷阱，他把一切想象成打游戏，甚至试着揣摩出题老师的心思，再顺着对方的心理去作答。

在我日后与家长相处时，我会尝试给他们一个想法：不要用成绩作为衡量小孩的唯一标准。

有些小孩品行不坏，只是不喜欢碰书，排名居后了些，师长很容易给这种小孩贴上负面的标签；相反地，有些小孩的身心已经明显出了状况，但他的成绩仍维持在高水平，师长也会片面地误信这小孩的发展犹在正轨上。

会有这样的想法，是陈小乖给的灵感。

他的成绩很好，我于是说服自己，他把自己的生活经营得不错，每个人的家庭都有一两个棘手的问题，他的问题也许很小，小到不需要在意。当我这么告诉自己时，我就再也看不见从他脸上淡去的稚气、逐日减少的微笑，因为他的成绩很好。在我眼中，他有如一艘马力十足的船，只要风向正确、气候晴明，这艘船会在富饶的新大陆靠岸。我看不见这艘船的底部早已破了一个大洞。

在我盲目地驱策这艘船不停前驶的过程中，破洞一日比一日大。

一个大浪袭来，这艘船就彻底地瓦解。

进入考前倒数两百天，陈小乖的情绪跟冬天的气温一样起伏不定。上课时他变得很暴躁，几次看着我，嘴巴动了动，显然有话想说，但最终咽了回去，又摆出一张不耐烦的脸。

我好心问他，他又说没事。

有一天，他打电话通知我："我们得更改上课的地点，我要搬去跟爸爸住了。"

他约略指出一个区域，问我是否熟悉那儿。

"我知道，我以前有个学生住那里。"

"那里离我的学校很远吗？"

"不会，你搭地铁转公交车的话，二十几分钟。"

我这句话白说了，陈小乖不搭地铁，更不可能搭公交车。

不过，我也联想起一件事情，他的父母原来住得并不远。

"那好，下次上课就换成那个地点。"不给我追问的余地，他有些粗鲁地挂上电话。

换了一家星巴克上课，我感到有些新鲜，陈小乖倒是一脸淡然，好像我们从头到尾就是在这家星巴克上的课。我自讨没趣，对齐讲义的边缘，钉上递给他。

当天的上课过程很顺利，陈小乖埋首抄写，神态镇静。

我以为他那天不会透露更多了。

九点十分，他要我多陪他二十分钟，九点半他会搭出租车回父亲的住处。九点半，他更是以一种近乎哀求的姿态，请我留得更晚些。到了九点三十五分，他忽然问我一个莫名其妙的问题："你觉得这世界上最伤人的话是什么？"

我回答他，他不满意我的答案。我的脾气也跟着上来了，拔高音量反诘他。

"那你想出一个更好的答案啊！"

小乖闭上了嘴，他的身影一下子变得很渺小，五官暗了下去。

他开口时，声音有气无力，像在几秒钟内被抽干了勇气。

"这个问题的答案或许是，有一天，你的母亲告诉你：'其实当初生下你不是我的意思。'"

泪水从他眼中一颗接一颗地掉下来。

好长一段时间，我说不出话来，小乖藏了这么久的秘密，终于从洞穴中显露出来了。

很晚了。服务生提醒我们打烊时间到了，我们走出星巴克。吹来的风有些寒意，我拉高衣领，打了通电话给母亲，说我会晚点回家。结束通话后，我转头告诉小乖，我可以陪他走到他父亲的住处附近。这个承诺似乎让他很安心,他红着双眼跟我说谢谢。

"那天,你看到的男人不是我爸,是我妈的男朋友。"

我压抑着内心的讶异:"你父母离婚了?"

"他们没有结过婚。"

我瞪圆了眼,停下脚步:"等等,你的意思是,你的父母在一起十几年,共同抚养了两个儿女。这么多年来,他们从来就没有结婚?"

小乖轻不可闻地"嗯"了一声,径自往前走下去。我追了上去。

在我追上他的时候,小乖"唉"了一声,首度正式地向我介绍起他的家庭。

"我妈在十六岁时结了一次婚,可是婆婆对她不好,她受不了,结婚半年就想离婚了。我外公很有钱,在丰原有几间店面,每个月单凭租金,日子就很好过。我外公、外婆生了四个小孩,我妈年纪最小,也是唯一的女儿,我外公很疼我妈,我妈吵着要离婚,我外公不仅没有反对,还鼓励我妈搬回娘家,照样给她零用钱。"

我点点头,示意小乖说下去。

"二十几岁时,我妈在旅游途中认识了我爸,我爸的老家也算过得去,在台北市有两套公寓、一个店面出租。我爸回家说想跟我妈结婚,我奶奶很生气,她说离过婚的女人不能娶,我爸若坚持要娶，奶奶就要跟他断绝母子关系，遗产也没有我爸的份。我爸很烦恼，于是异想天开，想不如先让我妈怀孕，看我奶奶会不会改变心意。"

小乖停了一下，抬头看着路灯。

"那个小孩，就是我……"

我偷看了他一眼，他直盯着前方，表情木然。

小乖继续讨论，以一种从容、无关紧要的态度讲了下去："我快满十五岁了，还在跟我妈的姓。由此可知，我父母当年的想法太天真了。"

"你奶奶还是不让他们结婚？"

"嗯。我出生和满月，奶奶都来看过我，过年时我爸也会把我抱回去给奶奶看。我奶奶不讨厌我，可是她依然不接受我妈。我跟我爸、我妈三个人住在一起，外观看起来像一个普通家庭，只是我的父母没有婚姻关系。"

"然后，你爸妈又生了你妹？"

"不，我妹的事也有点特别……该怎么说好呢，在我三四岁时，奶奶介绍来一个女人，说这女人身世清白，很得她的缘，叫我爸跟那个阿姨结婚。我爸那时候也不知道在想什么，大概是想求个耳根清净吧，就真的跟那个阿姨结了婚，生下一个女儿。如果我告诉你，那个小女孩是我妹，你会很讶异吗？"

"也就是说，你跟你妹是同父异母的关系？"

"对。"

我的脑袋涨了起来，这一家人的人际网络着实太复杂了。

"那个阿姨呢？"

"妹妹上幼儿园前，阿姨跟爸爸离婚了，她受不了爸爸一个星期有三天会来找我跟我妈。阿姨把妹妹丢给我爸，她说妹妹若跟着她，她很难再嫁出去。我爸不会带小孩，就把妹妹丢给我妈。很奇怪，不知道是不是因为都是女人的关系，我妈跟我妹虽然没有血缘关系，感情却很好，我不说，没有人会怀疑她们不是母女。"

"你妈的心肠很好，不是每个女人都可以接受这种情形。"

"因为我妈那时很爱我爸吧。"

陈小乖叹了口气，他的侧脸有着不属于十四岁的老成。

"四五年前，妈妈生了一场很严重的病，医生说，她的身体里有癌细胞，要做化疗。我妈那阵子很消沉，希望我爸可以多关心她，我爸的态度却有些反常，很冷淡，我妈觉得不对劲，偷看我爸的手机，才知道他在外面有'另一个家'了……"

陈小乖别过头，拼命眨眼。我从口袋中取出纸巾，抽了两张给他。他没有拒绝，接过纸巾，往眼角按压，用力吸了吸鼻子："跟你说一件有趣的事，我当时看我妈那么痛苦，鼓起勇气跟她说：'离婚吧，我和妹妹支持你。'可是，说出口的那一秒才想起来，他们没有结婚要怎么离婚？很好笑对吧。"

我笑不出来。

"我妈很伤心，不断哀求我爸回家，那几个月，我和妹妹放学回家，在门口就会听见妈妈的哭声，如果爸爸也在，他们会吵架。有一天回到家，妈妈没有哭，她躺在沙发上看电视，桌上摆着两份麦当劳，我好高兴，妈妈好久没买晚餐给我们吃了。我和妹妹很开心地坐下来吃薯条鸡块，吃到一半，妈妈转过头来看着我们，说：'爸爸搬去跟那个女人住了，他不要我们了。'听到这句话，我和妹妹吃不下去，哭了起来。"

"妹妹没有跟着搬过去？"

"没有，爸爸的女朋友不喜欢她。"

"之后呢？"我皱眉，事件的发展一节比一节波折。

"之后？我们过了一阵子三个人的日子。外婆很担心我们，从南部上来，跟我们一起住了大概半年。外婆会陪妈妈说话，妈妈的情况也一天比一天好，我很喜欢那半年，虽然爸爸不在家，外婆也很啰唆，可是她很用心地照顾我们，我好像又有一个'家'了。"

"然后……"陈小乖又停顿了。

"然后？"

"然后叔叔出现了。"

"是那天我看到的叔叔吗？"

"嗯，叔叔是妈妈之前的男友，两个人交往了几个月，叔叔去跑船，他们就分手了。叔叔跟妈妈在大卖场巧遇，他说自己刚离婚，带着两个小朋友在找房子。妈妈觉得叔叔很可怜，就说我们家的储藏室清一清也算大，便叫叔叔带着小孩来住我们家，房子再慢慢找。"

"你们六个人，跟外婆住一起？"

"没有，外婆回南部了。因为后来妈妈爱上叔叔了，她叫叔叔永远住下来，跟我们一起生活。外婆非常生气，骂妈妈不自爱，不想再帮妈妈收拾烂摊子了。"

"现在，你们家除了原本的三个人，还有叔叔跟他的两个小孩？"

"嗯。"陈小乖咬牙切齿地回答。

我难掩内心的惊愕，某种程度上，这也算是另类的"多元家庭"了。

"那你为什么要搬去跟爸爸住？"

"因为，"陈小乖收紧了拳头，那一刻，我可以感觉到他满腔的怒火，"我不喜欢叔叔跟他带来的两个小白痴，我叫妈妈快点赶叔叔出去。妈妈不同意，她给我两条路：一个是心甘情愿地接纳叔叔跟两个'新弟弟'的存在，我们可以快乐地一起生活，她也会像过去一样疼我；另一条路就是搬去跟爸爸住。"

"很明显地，你选择了后者。"

"是啊，我问我妈：'你为什么要逼我做选择？我不是你的儿子吗？叔叔只是个外人啊。'我妈转头，没有看我。她说：'其实……当初生下你不是我的意思。'那一刻，我懂了，我什么都懂了，我是我妈的累赘，只要我不乖，她随时随地可以甩掉我。"

我们停了下来，陈小乖父亲居住的社区到了。我看了一下手表,近十一点了。

"快进去吧,不要让你父亲担心。"

"再陪我一下下好吗?"

陈小乖比我高十几厘米,他低头拉扯着我的衣袖,像只高大却胆小的动物。

"有那么恐怖吗?"

"老实说,我很害怕。我跟他不熟,我们没有单独相处过。"

"可是,小乖,我好累,我想回家了。"

他露出哀伤的眼神,转过头,拖着脚步走向管理室。我目送着他步入中庭,右转,走向约十米外的小径,他的背驼着,步履沉而无力,我宁愿相信是书包太重的缘故。

再也看不见他的那一刻,我如释重负,转身离去。

*

一个月后,我又换回了原本的星巴克上课。

陈小乖回去跟妈妈住了。

我没有问原因,但不难猜出他与父亲之间起了很大的冲突。谈到父亲时,小乖的用词有了很大的转变,他开始形容父亲是个自私、不负责任的家伙。至于母亲,小乖的态度有点两极。有时候,他会用一种很温暖的视角描述他的母亲:"我妈她啊……看起来很花枝招展,但她真的不是那种爱玩的女人,只是以为这样的打扮可以留住男人的心。她只是想要有人爱她而已。"也有的时候，他的言论很尖刻："我真的很讨厌我妈，看她那种凡事以叔叔为先的嘴脸，我就觉得恶心。"更多时候，他不爱也不恨，只是很苦恼："我妈那句话，是一时气话，还是认真的？她生下我有这么不情愿吗？"

船底的大洞不断地进水，小乖再也没办法保持表面的假象了。

他不读书了，出神的情况一天比一天严重，我常常讲到一半，发现他的思绪不知道漂流到何方。他也跟我坦白，说最近很着迷一款手机游戏："我有时候会玩三四个小时，我知道会占用到读书时间，可是我必须放松一下，否则我睡不着。"

任何人都看得出来，他正在自我放逐。

我很为难，某方面，我希望小乖回到"正轨"，但我也明白，这样的要求很冷血。

最新的模拟考成绩出来了。光是校排名，他就一口气掉了八十多名，区域排名更是退得不忍卒睹。看完成绩单，我抑制不了怒气，冲着他一阵怒吼："我不是跟你说过了，人生是自己的，你再怎么怨恨父母，也不该拿自己的未来陪葬吧？认真了三年，在最后一百天好好守住，有这么困难吗？"

陈小乖没有正面回应，他看着我，冷冷地看着我。

"老师，我以前好喜欢读书，那时候，我妈常跟我说，我是家族中成绩最好的,只要我持之以恒,奶奶有一天会接纳我们母子的。可是,曾经这样鼓励我的人……现在却不要我了。"

见我没说话,他偏过头去,声音小了一些:"假设你每天回到家,家里总是多出三个陌生人,你得叫其中最大的陌生人'爸爸'。你想读书,那两个小的陌生人缠着你,说他们好无聊。你看着妈妈,那个跟你有血缘关系的女人,她要你'听叔叔的话,陪他们玩',老师,我该怎么办?如果是你,你会怎么做?你还有办法念书吗?"

我咽了咽口水,那一刻,我觉得自己像是正在接受审问的犯人。

小乖真是太聪明了。

他在提醒我,在我责备他时,我是多么缺乏同理心。

"对不起。我真不该说那种自以为是的话。你说得没错,读书对于现在的你来说,确实不是最重要的事,你已经很努力地在控制自己的生活了。"我感到羞愧。

小乖别过头去,我猜他不想理我了。直到我看见他的肩膀一抖一抖的,我才明白他在哭。

他哭得很克制,没有惊动到其他客人。

"前几天,我妈在美国官网上订衣服,昨天包裹到了,我很高兴,拆开要看妈妈帮我挑了什么衣服。每一次换季,妈妈都会帮我订新衣服。我翻了一下,是男生的衣服,不过不是我的尺寸,有的太大,有的太小,我坐在地板上,一下就懂了,这些衣服是给叔叔和那两个小白痴的。"小乖双眼通红,边吸鼻涕边说,"我被排除在外了,为什么没有我的?"

我坐在那儿,什么也做不了。我旁观着小乖的痛苦,什么也无法做。

能做些什么的、该做些什么的那些人统统没有来。

我们总认为,怀胎十月,母爱的给予不仅理所当然,且会永久地持续下去。但在陈小乖的人生中,母爱分了岔,给了妹妹,给了叔叔,给了叔叔的两个小孩。

几分钟后,陈小乖停止哭泣,他的双手软软地垂着,红红的眼圈、肿胀的鼻子,整个人颓丧得像是被抛弃的小狗。我看见他手臂上浮凸的淡蓝色血管,像蛇在蜿蜒。他在正常吃饭吗?他总共瘦了几公斤呢?我不敢问。怕问了,他失去的那些重量,会在当下真实且具体地压在我的双肩上。偶尔,我忍不住怀疑,怀疑自己爱陈小乖,爱得比他的父母更多。

一个领时薪做事的人,比亲生父母更爱一个小孩?怎么想都令人感到不安。

*

考前两个月,我和陈小乖的课程中断了。

他为了叔叔一家的事跟母亲闹得很不愉快,他的母亲失去耐心,把他像一只皮球一样踢到父亲那里,他的父亲双手一摊,把球传给了奶奶。奶奶住天母。我跟陈小乖道歉，天母太远了，我骑电动车过去很危险，课程得结束了。

"小乖，就算我没再继续教你，你还是要认真念书哦。"最后一堂课，为了让自己心里舒适一些，我言不由衷地说道。

"再说吧。读书有什么意义？"

"小乖，还记得吗？我曾经说过，读书不是为了取悦他人。"

"老师，虽然你这样说，但当初你读书时，也是个被期待的小孩吧？你的父母也关心你吧？只要认真念书，回家的时候，也跟张胖胖一样，父母会给你准备水果和消夜吧？反观我的父母，生我的原因莫名其妙，生了之后又不专心养，现在更只顾着自己谈恋爱，把我推来推去，推到不能再推就把我丢给奶奶，我跟奶奶以前一年才说几次话。而且，说说我奶奶吧，比起我的成绩，她更介意我母亲跟叔叔之间的关系。她不在乎我在学校的日子过得如何，只想知道我有没有偷偷跟我妈联络，以及多久一次。"

陈小乖得出了结论："我没有家了，这就是事实，我没有家了。一个找不到归属的人，要他念书有什么意义？你不觉得，现在叫我认真念书真的很愚蠢吗？"

最后一堂课，他再次说得我哑口无言。

六十天过去，考试结束了，陈小乖的成绩普普通通，不上不下。这个结果，在乎的人并不多。

据他所称，母亲只是"哦"了一声，问："有学校可以念吧？"

父亲则是讪笑一句："我就知道。"

电话中，陈小乖问我："到底我的父亲知道什么呢？"

我小心翼翼地回答："或许你父亲只是想要掩饰他其实什么也不知道吧。"

在学生面前指摘父母的过错，仍让我的心脏像是爬满蚂蚁般，十分刺痒。

"对了，老师，我改名字了。我奶奶讨厌我的旧名，说这是我妈取的，她不喜欢。"

"你的父母没有意见？"

"没有。我打给我妈，她叫我'听奶奶的话'。你不觉得很荒谬吗？这名字是她取的，她竟然跟我说，奶奶想改就改，她再找时间跟我爸商量这件事。"

"的确很荒谬。"

"更让我生气的是，电话中我听见妹妹的声音，她喊叔叔'爸爸'！你知道这件事的严重性吗？我妹以前明明跟我是同一国的，我们说好要一起对付那三个白痴。可是，我妹很怕落得跟我一样的下场——被丢给奶奶，她只好背叛我了……真是个大叛徒。"

"小乖，你用词太重了。"

见我不支持他，他气呼呼地挂上了电话。

几天后，我请他吃饭，一如约定好的，考试结束要请吃饭。

小乖出现在我眼前时，一身闪亮的行头，时尚得像是从百货公司的玻璃橱窗里走出来的模特。一问之下，原来是奶奶赞助，两万元，奖励他改名换姓。

他拿那笔钱换了新衣、新裤、新鞋，附上新名字，他把自己升级为"小乖2.0"。

"现在我姓李了，没关系，你还是可以叫我小乖。"

小乖，是母亲给他取的绰号。听说这绰号的由来是小乖以前脾气很差，母亲那时叫他小霸王，外婆说这样不行，要叫他小乖，个性才会乖乖顺顺。

姓名变了，绰号被留下来。

走进餐厅时，小乖看起来心情很好，我们才刚坐下，他便急着跟我分享他的新生活："现在我一个星期有两千元的零用钱。上周生日，不只奶奶，姑姑和叔叔也包了好多好多……他们都好开心，谁叫我'认祖归宗'了呢。"

他撇撇嘴："很好笑吧，只是改个名字，待遇差这么多。"

我看着他，想从他夸张的表情中读出一些熟稔的气息。

"小乖，你现在快乐吗？"我问。

"快乐啊。我为什么不快乐？"他还是笑嘻嘻的。

"真的快乐？"

"真的快乐啊。"他身子往后，靠在椅背的软垫上，"住进奶奶家的第一个月，我很不习惯，每个晚上都睡不着，失眠得很严重。我觉得这世界上没有人要我，没有人在乎我，想到这些事，我就忍不住一直哭，哭到后来很累。有一天，我下定决心，从今天起，我不要再自怨自艾，我要开心地过每一天。既然我的父母、奶奶，只会用钱来笼络我、敷衍我，那我为什么不认真花钱，让自己开心一些？"

小乖注视着我，他的双眼澄澈："老师，我知道我现在比以前更虚荣，你很不喜欢虚荣的人。但是，除了钱，我还剩下什么？你说过，物质带来的快乐很空虚，这点我也知道。可是没有钱，我的日子更空虚。你可以理解吗？这是我此时最安定的生活方式了。"

*

每个人都有自己的求生之道。

在小乖之前，我从未听过如此复杂的家庭组成；在小乖之后，我相信类似的处境也很难再找。小乖的妹妹，与一群和她没有血缘关系的人住在一起，没有人问过她的心情。小乖的母亲，在家庭成员的取舍中，没有选择小乖，不过，在这之前，她至少也做了十几年尽责的母亲，小乖的离开，她没有表态，但我想她多少也是难过的。至于叔叔所带来的两个小孩子，有谁去给他们说故事呢？他们想必也是诚惶诚恐地想着如何适应这般奇特的家庭。

我亲爱的学生小乖，他让我认清了学问并不能解决人生的难题。我起初很介意,陈小乖是我唯一教过之后成绩反而退步的学生。沉淀了几个月,我重新回想他说过的话。他说得没错,在大人把他像枚棋子般移来换去的时候,叫他认真读书真的很愚蠢。

他的成绩失常了,他变得更虚荣,可是他走过来了。

我突然间很欣赏他,以十五岁的年纪,他表现得比身旁的大人成熟多了。

第 6 个家
天赋

全家福里他们笑得很灿烂,没人怀疑他们爱着彼此。

Colors

我做过一个不太严谨的调查。在我接触过的六七十位学生当中，我问了至少一半人一个问题："最讨厌大人对你做哪些事情？"结果令我十分意外，纵然这些学生的性别、个性、在家中的排行、父母的社会经济背景、居住环境等均不相同，他们的回答倒是有一致之处："比较吧，最讨厌父母拿我跟别人比较了。"有的学生说得更详细一点："如果比较的对象是手足，就更讨厌了。因为你必须跟你的手足住在同一个屋檐下，朝夕相处，怎么躲也躲不掉。"

直到遇见纪小弟，我才真正明白这种处境的艰难。

*

纪太太是我从事家教第五年认识的雇主。她生了一对姐弟，我先教导姐姐，姐姐资质不坏，顺利地考取了心仪的大学，待我准备功成身退之际，纪太太提出一个想法。

"我的儿子在补习班蹲了两年，成绩没什么进步，我也不知道他去那边到底在干什么。如今他要考高中了，不如退掉补习班，由你来接手，如何？"

纪太太和我商量时，姐姐也在旁边听着，她眉心轻拢，不以为然地撇了撇嘴，说道："啊，老师之后要去教弟弟啊？不好吧，妈，你是想把吴老师气死吗？"

我有些讶异，姐姐向来是个温和的人，很少说话这般语带酸气。

即便如此，我还是接下了纪小弟的家教工作，我的想法很实际，姐姐升上大学之后，她原有的时段就空了出来，由纪小弟来填补，也省却我再找一个学生的麻烦。

现在回想，那时的想法实在太单纯了。

我应该多留心姐姐的话的。

给纪小弟上完第四堂课的当晚，我人刚回到宿舍，还来不及上厕所，就接到纪太太的来电。

她听起来很生气："老师，都第四次上课了，为什么你布置给弟弟的作业还是那么少？"

"少？"我在心底数了一下，不觉得特别少。

"对，上一次我问他，功课做完了吗？他说做完了。我不相信，他说，老师只出了五页。我怕他骗我，所以这次上课，我不是请老师勾了一下作业的范围嘛,刚刚我数过了,不到三十道选择题。老师,一个星期两小时的课程,三十道题目,这样的练习不觉得太少吗?"

"会吗?"

"当然太少啊!"纪太太的声音更响了,我把话筒挪远了些,"而且,老师,我检查过弟弟的笔记本了,已经上了整整四回课,他的笔记只有四页……换作是姐姐,她至少已经整理出十页的笔记了。老师,你的教法是不是跟之前有差异,你对弟弟比较不用心?"

"等等,纪太太……"我试图给自己争取一些发言的空间,"我承认,在教弟弟时,我的教法会刻意轻松一点,那是因为弟弟的词汇量不多,一些基本的语法原则也还在建立中,我以教姐姐的速度去教弟弟,弟弟很可能会跟不上。"

"老师,你现在是在跟我说,弟弟的程度比较差喽?"

当场,我像个哑巴一样,嗫嚅着双唇,丢不出只字片语。该怎么回答这个问题呢?

"老师,你怎么不说话了?"纪太太丧失了耐心,频频催促。

这时,在我眼前,出现了一条钢丝线。

我站了上去。

"纪太太,我没有这个意思。"

小心地前进。

"那你到底是什么意思?"

线振荡起来。

"我的想法是,弟弟跟姐姐的个性不同,姐姐很积极,弟弟比较慢性子。但是,我不认为这代表弟弟的程度比较差……顶多只能说,我得先去找出弟弟学习的动机,因为姐姐本身对英文就很有兴趣,弟弟则不然。我若一味逼迫,说不定只是在拔苗助长。"

冒险地踩了个大步,钢丝的摇晃更剧烈了。

纪太太直接打断我:"老师,你不可以这样想,你这样想就错了,因材施教不是这样的做法,这是不对的。你教过姐姐,你知道姐姐很自动自发,她不是那种会让大人操心的小孩。弟弟则完全不是那么一回事,他就跟牛一样,很固执,总赖在原地,不思进步。你要在前面用力拉,他才会老大不情愿地往前走一两步。所以,老师,你要在前面很用力地教促他。"

"那,阿姨,你觉得怎么做对弟弟最好?"

我静止不动,打出安全牌。

"每一次上课都要考试!"纪太太以我们开始通话以来最兴奋的声调回答我。

"每一次?"

"对,每一次。考上一次课程的内容。我会准备一本联络簿,请你一边上课,一边注记这次上课的进度、教授的单词语法、这次小考成绩和下次的考试范围。每一次下课,请你把那本联络簿交给我,我要检查他的学习情况,顺便对照一下是不是有重点漏抄了。"

"联络簿？"我越来越觉得不舒服。

"对，没错，考试还有十个月，要在这十个月内把弟弟的成绩拉上来，所以我们得合作，老师你负责专心上课，你不在的时候就换我顾着弟弟。联络簿写得越详细越好，我才知道我有哪些事项必须检查，只要我们贯彻这个模式，弟弟一定可以考上好学校的！"

纪太太口中的好学校是姐姐的母校。台北市男女合校的第一志愿。

"好，我知道了。"

"哦，对了，我希望他的作业可以布置得比姐姐多一些。姐姐的英文很优秀，不用紧张，弟弟的英文却很烂，姐姐练习一张考卷，他可能得做两张，才能达到一样的水平。"

"好吧，我会试试看。"

挂上电话，要不是强劲的尿意持续压迫我的膀胱，我根本起不了身。

看了一下手机屏幕，通话时长：四十三分。

经验告诉我，纪太太之后还会再打电话来的。

父母是一种太孤单的职业了，一旦他们的情绪找到出口，便会继续开发这条道路。

整个晚上，我不停地自问："莫非陈小姐的那一套，错了吗？"

*

陈小姐是另一对姐妹的母亲。一模一样的情况,姐姐升上大学后,她要我转为辅导妹妹考高中。

这对姐妹感情很好,她们共享一个房间。从前,当我给姐姐上课时,妹妹就在隔壁桌读小说、写作业,偶尔也会加入我们的对话。

好几次,我注意到她在一本几乎吃掉半张书桌的大笔记本上,忙碌地涂涂改改,努力地填满行间的空隙。稍加探听之下,妹妹有些得意地告诉我,她正在"连载"一个玄幻的架空故事。每个课间,班上的几位同学会争相传阅她的最新进度。

这引起了我的好奇,我也喜欢写东西。姐姐中途休息时间,我就转头和妹妹讨论她笔下故事的剧情、角色之间的比重和后续的进展,等等。

和严肃、习惯按部就班的姐姐相较,妹妹的想法天马行空,她是个浪漫的小孩,跟她聊天总是很愉快。在妹妹身上,我仿佛找到了过去的自己,抱着一本笔记本就能行遍万里。是以,陈小姐提出这个想法时,我欣然答应。我以为,以我和妹妹的交情,上起课来一定很轻松愉快!

没想到,第一堂课结束,我沮丧得简直不想再上第二堂课了。

平日与我互动良好的妹妹,在我们成为师生之后,在我们之间的话题从小说跳跃成英文之后,她变得意兴阑珊。短短两个小时,一百二十分钟,有数次,她看着我,童稚的眼神藏不了太多心事:她在等待,等待时间一到,我会离开。

九点的钟声一响,我可以感觉到她松了一口气。

妹妹毫不遮掩的反应令我很沮丧,我弯腰驼背地步出她们的房间,心事重重。

陈小姐送我去搭电梯,她笑眯眯地问道:"妹妹的情况好吗?"

"说实话……一点也不好。"

陈小姐的嘴咧得更开了:"果然,我当初问你要不要教妹妹的时候,就已猜出你会有今天这样的反应。老师,你知道问题出在哪里吗?"

"跟姐姐相比,妹妹似乎对读书没那么热衷?"

"今天是老师第一次正式接触到妹妹的学习情况,会有这样的体会是人之常情,因为,和姐姐放在一起看,妹妹的学习意愿似乎不太理想,但这并不是妹妹本身的错,可以说是长期以来,外界给她施加的压力导致的,更直接一点说,是我给她施加的压力导致的。"

"不会啊,阿姨是很明理的家长。"

这可是肺腑之言。在我教导姐姐一年左右的时间里,从头到尾陈小姐都没有干涉太多。在我心中,她是不可多得的家长,她给老师很大的弹性与空间。

"哈哈,那是因为老师你不认识以前的我啊。我跟你说,姐姐从小在学业上的表现就非常出色,不仅是学科,即使才艺竞赛，哪怕老师临时派她出去比赛，她也能轻松抱回不错的成绩。我以为，姐姐这样的成就理所当然。等到妹妹也进入小学时，我才察觉到事情没有这么简单！"

"妹妹的成绩不如姐姐吗？"

"对，妹妹的排名大概落在班上的中间，这只是学科，才艺比赛更不用说了，她在小学四年级之前，只参加过一次比赛，还是讲故事比赛……"陈小姐耸了耸肩，继续说道，"老师说，她在班上是'存在感很低'的一个人，不属于任何小圈子，没什么个人意见，也不太会主动参与讨论，跟大家的交情很淡。大家对她的评价不外乎是'普普通通''不特别好，也不特别糟糕'。亲朋好友都很惋惜，说姐姐那么优秀，怎么妹妹的资质却很平庸？"

我听得很入神，陈小姐没有跟我提过这方面的事情。

"我很紧张，觉得有些对不起妹妹，一样都是我生的孩子，怎么天分差这么多？妹妹该不会一辈子都活在姐姐的阴影之下吧？我很怕，就帮妹妹请了两个家教抢救她的课业。当时，我的出发点很简单，'只要姐姐能，妹妹一定也可以'。但是，请了家教之后，不行，整个毁了，妹妹非常抗拒，上课前她会哭闹很久，有时老师都站在门口脱鞋子了，她还站在客厅哭。我没有办法，只好跟妹妹讨价还价，拜托她进房间上课。有时候，老师才讲半小时，妹妹就开始耍性子，还会用脚踢老师，她曾把一位刚升大学的女老师给气哭了。"

陈小姐红着脸，干笑了两声。

想到内向的妹妹抬脚踢人的场景，我忍不住跟着笑了起来。

"我丈夫觉得我快要把妹妹给逼死了，就找人介绍了一位心理咨询师，据说很擅长家庭问题，三十多岁，刚拿到博士学位。那位咨询师很直接，我们第一次见面，才谈了四五十分钟，她就抬起手来，制止我继续说下去，然后，她跟我说了一句话，让我一辈子都忘不了，她说：'陈小姐，你的小女儿会变成现在这个样子，有很大一部分是你造成的……'当场，我目瞪口呆，气得想要冲出咨询室。我觉得她不懂，一个未婚又无子的人，凭什么批评我带小孩的方法？"

陈小姐是个可爱的妇人，她很诚实，不会刻意美化事情的前因后果。

"但是，我丈夫想的跟我正好相反，他很信服这位咨询师的专业，说人家是旁观者清，要我继续跟着这位老师。又过了半年，我的心境才有些改变，觉得那位咨询师说的多少有些道理。"

陈小姐深呼吸一下，很慢很仔细地说："所以，老师请你慢慢来，不要贪快，我们不急。这很重要，我跟妹妹说要找你教她英文，她没有拒绝，这就是很大的进步了。她曾经很抗拒我们再给她请老师。一堂课，两小时，你也可以只教十个单词、一两个语法。"

我面有难色，心底有些反弹：家教不就是在短时间内，补足学校教育的不足，如今陈小姐却要我"慢慢来"？再者，我一小时索取不低的价码，只教十个单词、一两个语法，岂不是摆明了在浑水摸鱼？说得更难听一点，是来骗钱的？

陈小姐看出我脸上一连串的问号，微笑着鼓励我："老师，我知道你对这工作有自己的看法，也很重视小孩的成绩。可是，小孩的学习动机和创意，是很珍贵的。妹妹上一次跟家教上课，已经是六年前的事了。我不想重蹈覆辙。只要能让她保持兴趣，不排斥学习，我就很开心了。"

电梯门关上，楼层一级一级往下，我才后知后觉地想起一件事情。我跟陈小姐认识也有一年多了，从前，我们之间的往来很行礼如仪，对话总停留在日常的寒暄，最有感情的一句话是"再见"。改任妹妹的家教后，她却欲罢不能地跟我聊了将近一个小时。

在陈小姐的坚持之下，第二次上课的方式，对我来说是非常新鲜的尝试。我先花十分钟和妹妹讨论她的小说近况，之后，我再花十分钟，发表我对里头剧情走向的观点。我很直率地指出部分情节的矛盾，不刻意讨好我的小客户。孩子们远比我们所认为的更为敏感，他们能轻易侦测出你对他们的行为有无真心。

在我进入她房间的第二十一分钟，我们才打开了英文讲义。每进行一个段落，我就停下来，再回头去讲小说，不忘分享几个我喜爱的作家，介绍他们的风格。偶尔，我会引入一个情节，往往是整部小说里最刺激、最悬疑的桥段，在真相就要水落石出时，我狠心地就此打住，再回头复习方才教过的英文单词和语法。

不知不觉中,妹妹的眼睛停留在我身上的时间,从五分钟、十分钟,延长到半个小时,或者更久。有一次,我告诉她:"做完这题,就可以下课了,时间到咯。"

妹妹讶异地抬起头,看了挂在墙上的时钟一眼:"啊,怎么那么快!"

闻言,我心头一热。

她不会知晓,自己无心的一句话,带给我多大的鼓舞。

我带妹妹的时间不长,不过七八个月,就到了关键的大考。她考出"中等偏上一点点"的分数,我有些内疚,认为她可以更好的。

陈小姐反过来安慰我:"别只看结果,妹妹的英文可是从末位班进到普通班了。"

经陈小姐提醒,我才想起,对哦,若说进步的幅度,妹妹的表现真的很出色。

在那个时刻,我想起姐姐,我千真万确地想起她。在同样的田径场上,姐姐奔跃的速度绝对是全场最亮眼的,可是,妹妹抵达终点的姿势是如此优雅,优雅到你不得不起身为她喝彩。这对姐妹,以她们各自的方式,赢得了我的喜爱与敬重。也是在这个时刻,我初探教育的本质。教育的存在,不是让每个孩子都拿到很高的分数，而是要让每个孩子的天赋都能伸展到极限，并且尊重他最终的成果。

*

是以，面对纪太太的要求，我感到不安，她的做法跟陈小姐可说是彻底相反。我不确定，依照纪太太的想法走，到底会得到怎样的成果。

但我会听从她的指示，也必须听从她的指示。

这是一位担任专职家教近十五年的前辈给我的警言："不要幻想你可以在家教这一块实现多少教育的价值。认清真相吧！家教这职业的老板是谁？你以为是学生吗？才不是，是家长。纵然你说，接受服务的对象是小孩，那又如何？小孩会给你薪水吗？并不会。既然如此，有权力决定服务内容的人，永远是家长，让家长满意，永远是第一位，若家长和学生的想法有了冲突，还是家长优先。你顶多做到减少对学生的影响和伤害。不要去挑战家长的想法，他随时可以叫你走人，再找一个听话的老师来教，事情只会变得更糟。"

下一次上课，我跟纪小弟提及，从今天起我们会有例行的小考。

他反应得很快："是妈妈跟你说的吧？"

我没有否认，只是点头。

纪小弟拍了一下额头:"又来了。"

见我没有说话,他继续发着牢骚:"姐姐喜欢考试,不代表我可以啊。"

我皱了皱眉,他有些紧张,嘴巴动了动,似乎想解释些什么。

"你的兴趣是什么?"我无心追究,反而对他读书以外的生活起了兴致。

"打篮球。"

"你打得好吗?"

"当然!只要和隔壁班三对三,我一定在名单上。不是我自夸,我的篮球真的打得不错,纵使打了一整天的球,我在家也会忍不住模拟运球的动作,就为了抓住球感,我妈跟我姐都说我疯了。管她们去说,她们这种只在乎念书的人,才不懂运动的价值!"提到篮球,纪小弟宛如变色龙一般,不过一眨眼,上一秒暗淡、怨声连连的可怜虫就消失得无影无踪了。

只见他双眼发光,手腕随着说话的频率而剧烈地摆动:"明天一早六点半,我跟同学约好了,要跟十三班的人比赛,我好期待,据说他们班最强的也要来。"

"这么早?"

"现在是暑假,到八九点就太热了。"

"你起得来吗?"

"起得来啊,只要想到比赛,闹钟一响就起床了,完全不会赖床!"

我点点头,终于明白怎么姐姐顶着一身白皙的肌肤,弟弟却晒得跟小黑炭似的。

"你把打球当兴趣,还是之后会朝这个方向发展?"

光彩转眼间从纪小弟的脸上消失了。

他转过脸,左手托着下巴,有气无力地说道:"我跟妈妈说想考体院。妈妈说,体院毕业的,若没有考上学校老师,就会饿死街头。她说,我一定要认真读书考上法律系。叔叔有一家律师事务所,但是叔叔没有结婚,也没有小孩。妈妈说,只要我考上法律系,拿到律师执照,叔叔一定会把那家事务所给我。"

"姐姐呢?为什么不是把事务所给姐姐?"

"妈妈说,姐姐以后会结婚,事务所交给我,才不会变成外人的。"

我总算懂了,为什么纪太太这么坚持要让两姐弟的成绩可以"并驾齐驱"。这背后,有一股更古老的力量。

时间不许我们再闲聊下去,我拿出考卷:"我们来考试吧。"

纪小弟发出不情愿的哀鸣。

我有时候很厌恶自己必须扮演这样的大人。

*

纪小弟很聪明,他很快就看清了事实,与其积极抵抗,不如采取沉默消极的不合作运动。他抄笔记,但他只是抄,没有经过思考与整理。他应考，但只在考前半小时才准备，成绩不理想，他就苦着脸，用力地为自己喊冤："我读了啊。"他还指向讲义上虚情假意的画线、潦草且"兵荒马乱"的注记。除了敷衍，还是敷衍。

我们之间的互动，就是没有互动。单向的输出，单向的敷衍。这样的教学自然没有好的成效，我知道我们在浪费时间，浪费他的，也浪费我的。

眼见儿子的成绩毫无起色，纪太太紧张起来，她打电话给我的次数越来越多，通话时间越拉越长，训诫也越来越严肃，不停地纠正我教法上的缺失。我最后被念叨得心生厌烦，懒得再与她争论，索性一切按照她的意思去规划，到了最后，我简直是跟着纪太太一起对纪小弟施压。纪小弟对我的存在也越来越排斥，他看我的眼神一天比一天不友善，甚至把我视为他母亲的应声虫、邪恶的代理人。

我无法改变他的想法，因为我自己也开始有这样的幻觉，偶尔，在我静下心来冷静思考时，会有一个声音告诉我，你越来越像纪太太了。

这个想法让我恶心到想吐。

我想辞职，但这样的念头绝对会招致纪太太严正的抗议。这也是家教行业的忌讳，越是逼近考期，就越不能轻易喊辞职。

我祈祷着有谁来破坏这恐怖的平衡，彻底粉碎这三角关系。

竟然是纪小弟做到了。

*

事发前几天,纪太太打电话给我,与我商量更换上课时段的事宜。

简单来说,她打算把原本三点到五点的时段,挪到早上十点到十二点。理由是:"不这样做,弟弟每天从早上六点出去打球,就跟同学厮混到下午两点多才回家。回到家,睡个午觉,等你来上课。一天二十四小时,他就这样浪费了一大半!"

我很为难。一周七天,纪小弟最快乐的时刻,无非是在球场上的时光,纪太太竟坚持要把这么快乐的时刻,替换成我的家教课。

去上课那天,一上公交车,我的眼皮就跳个不停,显然不是个好预兆。下公交车后,我慢慢地走,心跳声越来越大,耳朵也有点痛。一抵达纪家,纪太太对我的准时出现露出满意的微笑,她指了指纪小弟房间的门,说:"他今天心情有点不好,不肯吃早餐。"

我战战兢兢地转开房门把手。纪小弟坐在椅子上,看起来很平静,我以为他接受了纪太太的安排。不,我大错特错。待我坐定,他把我当空气,趴在桌子上,像条法国面包,一动也不动,任凭我怎么唤他,他连瞧我一眼也不屑。眼见时间一分一秒地流逝,我无计可施,只得步出门外。纪太太正在厨房准备午餐,听到我的报告,她把手往围裙上一抹,怒气冲冲地往纪小弟的房间前进，脚下的拖鞋发出刺耳的噪声。

"你为什么不上课？"

纪小弟还是趴在桌子上，毫无反应。

纪太太大步向前，用力拧儿子的耳朵："你给我起来。"

纪小弟弹开身子，他站着，揉着自己发红的耳朵，看着纪太太——更直白点说，是"瞪"着自己的母亲，眼中是赤裸裸的恨意。我很不想用这样的词，但那确实就是恨意，非常具体的恨意，难以用言语去矫揉、修饰。

"我要打球。"他坚定地说出自己的诉求。

"不可能，你要准备考试，基测要到了。"纪太太不做他想，一口回绝。

他们母子俩对峙着，我这个外人杵在角落里，看着他们，感到滑稽。

纪小弟握着椅子，他的指骨泛白。

我很同情那把椅子，它现在势必承担着很大的压力，跟纪小弟一样。

纪太太没有发现儿子的异状，尖声命令："趁着暑假，别人都在放松、偷懒的时候，好好地冲刺一下，等到开学模拟考，就可以领先别人了，这样不是很好吗？"

"为什么我一定要领先别人？我难道不能跟他们一样偷懒、放松吗？"

"你就是这样——"纪太太拉了个戏剧性的长音，"才会老是跟不上姐姐。姐姐准备考试时，暑假第一天，就已经排好读书的行程表了。之后，除了休馆日，她每天七点半起床，和同学去图书馆排队等位，读到晚上九点半闭馆的时候才回家。"

纪太太悻悻然地用鼻子哼了一声："你呢？成天只会跟一群阿猫、阿狗瞎晃。"

闻言，纪小弟涨红了脸，他重重推开椅子："你不可以这样说我的朋友。"

"我说错了吗？姐姐的朋友都是班上前几名，全是用功的好孩子。我已经忍很久了，你每次带回家的朋友，每一个看起来都像不良少年，那个姓江的，才初中染什么头发，还有那个李什么的，名字我忘了，他为什么要穿耳环？他妈妈没在管吗？你怎么不跟姐姐一样，交几个正经的朋友？"

纪小弟没有反应。

他站在那里，双手直直放下，我以为他放弃抵抗了。

他开始喃喃自语："我受够了……我真的受够了……"

"你到底在碎碎叨叨说什么？"

下一秒，纪小弟对着纪太太大吼："我说我受够了！开口、闭口都是姐姐，如果你那么爱姐姐，当初干吗生我？光生姐姐就好了啊。我好恨，为什么我是你的小孩，是纪茹芯的弟弟！"

纪太太愣住了，她看着自己的儿子，眼睛瞪得牛眼一般。

现在，纪小弟彻底控制住场面了。

"我说错了吗？是我拜托你把我生下来的吗？我真的快被你

搞到起肖[1]了。我跟我朋友说,我有个疯子妈妈,自以为找了个家教,就可以把我变成第二个纪茹芯。我恨你,我恨纪茹芯,我知道,你们都觉得自己很聪明,都把我当白痴。对,我就是永远没办法跟纪茹芯一样聪明,你醒醒吧,你就是生了一个头脑简单、四肢发达的儿子!"

他看了我一眼,又看向纪太太,居然笑了:"你那么爱上课,那你自己来跟吴老师上课啊,你自己要发神经可以,我才不要陪你们一起发神经!"

他像颗子弹般射出去,在与纪太太错身时,他没有犹豫,伸出手来推开自己的母亲,毫无收敛,使出全力。纪太太跌坐在书桌旁边那张平日用来堆放参考书的小板凳上,参考书散落一地。

血色从她的脸上褪得一干二净,苍白得像是见了鬼。

钥匙相互碰撞的声音。

大门被狠狠甩上的轰然巨响。

之后,就没有声音了。

房间一下子变得好安静,安静到有些吓人。

纪太太背对着我,从后方看过去,她瘦小的身影又缩短了不少。

"老师,不好意思,今天就麻烦你先回去了……"

她说话的时候没有转过身来,依然背对着我。

---

[1] 闽南语,意为"发神经"。

几秒钟后,她又加上一句:"薪水的事不用担心,我还是会给的。"

我挣扎了老半天,想安慰她,立场却很矛盾。

我一直以为,眼前的这一切实际发生时,我会很开心。但是,注视着纪太太的背影,这么久以来,我对她的怨怼及不谅解,烟消云散。

*

我编造了一个借口,告诉纪太太,我没办法再教了。

因为懦弱,我是通过电话表达的。电话的另一端,纪太太安静了几秒钟,似乎在想些什么,我听见她发出几个无意义的单音,停顿了一下,才说:"那我知道了,谢谢老师过去带弟弟的苦心。很遗憾,你没有带到考试结束。"

她的声音四平八稳,没有情绪,也没有感情。

我感到有些悲凉,教姐姐的那一年,纪太太对我的态度可是比现在热络许多。

刹那间,一股冲动攫住了我,在我意识到时,话语早已从舌尖蹿了出去:"阿姨,我觉得,弟弟跟姐姐的天分是在不同的领域。一直用姐姐的标准来要求弟弟,对弟弟来说……"我斟酌说话的轻重,"会不会有些太吃重了?"

"所以,老师是在暗示说,我教弟弟的方式有错喽?"

"我没有这个意思。"我在心底痛斥自己的多嘴,偏偏路已经开了,只得走下去,"我只是觉得很可惜,弟弟也很优秀,他在体育方面很杰出,同学们也很崇拜、仰重他在篮球上的造诣,既然如此,那我们可不可以停止用'学业成绩'的框架去束缚他?"

纪太太安静了好半晌。

我以为自己成功地说服了她。

等她再度开口时,语气惊人地冷淡,仿佛她正在忍耐对我破口大骂的冲动:"老师,孩子是我的,不是你的。我才是纪培丰的妈妈,他的未来,不管是一帆风顺,或者穷途潦倒,我才是真正承担这一切的人。老师,你没有小孩,你不会知道,小孩出生之后,父母就得为小孩的一切作为负责,这负责的程度永无止境,是你无法想象的……"

纪太太顿了顿,再度开口,这回她的声音多了些温度:"做父母的我们,每天都在提心吊胆,昨天为小孩粗鲁的举止给人道歉,今天又可能因小孩的成就而得到他人的赞美。父母的成败,总是跟小孩绑在一起。若是放任纪培丰按照自己的兴趣走,让他念体院,等到将来找不到正式的工作,谁才是真正要去承担的人?老师,那人会是你吗?不是吧?"

我说不出话来,巴不得挖个坑,把自己埋进去。纪太太说得没错,我是局外人。

纪太太明明可以乘胜追击的,但她并不,相反地,她的语调在瞬间变得非常委屈,像在问我,也像在自问:"既然如此,我在纪培丰迷失之前,把他引导到正确的方向,又有什么错?老师,你觉得我是错的,但是你自己不也拿了很漂亮的学历,所以我才愿意给你这么优厚的薪水,我希望小孩子可以像你一样,赚钱的方式比别人轻松,少吃一点苦,可以舒适地坐在冷气房里,而不是顶着烈日去工作。这样的念头,有错吗?"

我咽了一下口水,太无懈可击的演说了。

若时光可以倒转,或者在那逼人窒息的分秒之间,有谁给我送一些空气,我可能有办法分神去想,这样的对话,她独自排演了多久?对于自己的作风,她是否也挣扎过?我几乎忘了我和纪太太是怎么结束掉如此不愉快的对话的,我们和对方说再见了吗?她可有再多说些什么?我全忘了。只记得挂断电话时,我手麻脚麻,有一段时间,甚至感觉不到自己声带的存在。

对于自己的躁进和自以为是,羞耻感像海浪般,一拨一拨地冲刷着我的身体。

我怎么可以自大地以为纪太太不爱她的儿子?

纪小弟之前打篮球伤到了脊椎,纪太太怕有后遗症,赶紧为他换了一张近十万元的床垫。然而纪太太本人,平日素着一张脸,穿的衣服看来看去就那几套。她似乎不曾想过要把钱花在自己身上,成天绕着儿女的需求打转。

每一次,她抱着话筒焦急地与我商讨新的读书方式、新的时间规划、新的进度调整,我只介意着她占用了我多少时间,却未曾思量她必定也是很有耐心地观察了很长一阵,在心底预演了几次，尝试研拟出可能最适合她儿子的学习方式。

每一次，她看着纪小弟抱着球消失得不见人影，她坐在家里等待，时钟的指针无情地向前，她知道打球的儿子是最快乐的，但她不能确定，这样的快乐可以维持多久……她知道读书对儿子是痛苦的折磨，但这或许是在台湾最容易的生存之道。

纪家的电视柜上，放着一张全家福，是四年前在东京迪士尼照的。纪茹芯、纪培丰分别从左右抱着纪太太，他们笑得很灿烂，那时，没人怀疑他们爱着彼此。

第 7 个家
衣柜中的小剧场

除了太漂亮之外,他还是那种老师爱死了的标准小孩。

Closet drama

说来好笑，在我结束和贾宝玉之间的师生关系后，我们才真正要好起来。

基测前半年，贾宝玉的母亲在人力银行看到我的简历，亲自打了一通电话，口吻温柔有礼，她说："我的儿子很聪明，课业成绩也很理想，师长都夸奖他是一个自动自发的好孩子。我这做母亲的，其实也有点怀疑，有没有必要再给他请一个家教，只是，他自己看到同学一个跟着一个去蹲补习班，心底多少有点恐慌吧，要我给他请个老师督促他。"

女人的声音隐隐有些得意："老师，我这儿子真的很聪明，从小到大没给我添过什么麻烦，他不会让你操心的，你只要依照平常的习惯去教就好了。"

我很快地点头了，很少有老师讨厌教聪明的小孩。理由很简单，聪明的小孩一点就透，教起来很省力。贾宝玉很聪明，一个星期一堂课，两小时，这样就很够了。

初次见面，我在心底赞叹，他可能是我这辈子见过的最美丽的男孩。明眸皓齿，鹅蛋脸，樱桃小嘴，我最忌妒的是他的睫毛，又长又翘，简直逼死一堆女人。贾宝玉眨眼时，从四十五度看下去，如娃娃般精致动人。他的父母长相并不特别出色，他却得天独厚，取来父母各自长得最好的一段，成就了绝美的外表。时常，我跟他讲课讲到一半，不由得出了神。他太美丽了，我不得不问："有人说过你长得很好看吗？"

贾宝玉皱眉，有些别扭地说："我们班的男生都叫我贾宝玉，他们说我皮肤太白，嘴巴又太红，身边又时常围绕着一堆女生。"

"女生围绕着你做什么？把你当姐妹淘吗？"

"不，她们都喜欢我，要我选其中一个做女朋友。"

"那你怎么不选其中一个做女朋友？"

他脸上闪过一抹阴霾。

"谁叫她们长得太丑了。"他说。

我点点头，心有戚戚焉。的确，站在贾宝玉的旁边，多少女生要自惭形秽啊。

除了太漂亮之外，他还是那种老师爱死了的标准小孩。你话语一落，他就低头猛抄笔记，仿佛老师的每一句话都分量十足，完全满足身为人师的虚荣感。该发问的时候他张嘴，不该发问的时候他闭嘴。除了学术上的交流以外，我们很少对话，贾宝玉是个寡言的人，我们的课堂被满满的"重点补充""必考语法"给塞满了。

偶尔，非常偶尔，像是饺子破了皮，露出一些馅儿似的，他会透露一丁点他的生活。戏码大同小异，不外是他今天又如何在班上被人欺负了、排挤了。

"他们说你什么？"

"说我是娘娘腔，成天跟女生腻在一起。"

"你会反驳吗？"

"我该怎么反驳？让自己的行为像个男生吗？不，我做不到，我试过了。"

贾宝玉叙述时，语气不疾不徐，从容得仿佛在说别人的事。

我想说出这些一定很痛，痛得他必须伪装成仿佛是别人的事，不是他的。

*

贾宝玉理所当然地考上明星高中，我在火车站附近一家简餐店请他吃饭。

服务生把饭菜上齐了，贾宝玉却没有动筷子，我催促他，他却突然抬头："我有一个想了很久的问题。但你得先答应我，在我问了这个问题之后，你不能讨厌我。"

我未作多想，只是点头："磨蹭什么，想问就问啊！"

他若有所思地看着我的脸。

过了好一阵子，他才谨慎地开了口："我好像喜欢男生。"

我松了一口气:"那又怎样?"

教贾宝玉的时候,我二十一岁,在大学早已交了一大票的"彩虹姐妹"[1]。

对于我的无动于衷,贾宝玉显得很雀跃,但他勉强按捺下去:"老实说,每一次进入男厕,看到其他同学尿尿的姿势,我会有一种奇怪的冲动。我忍不住幻想,色情小说的情节发生在我身上。我偶尔会跟隔壁班的一位同学对到眼,当我们四目相交时,我会在心底期待他抱一下我。我这样子,是正常人吗?"

我放下筷子。

贾宝玉的问题触碰到两个关键。比起同性恋,有更棘手的问题。我们总是很难要求大人去相信,孩子也懂"感情",甚至,孩子是有性欲的。贾宝玉十五岁,够大了。我告诉他:"你是正常的。再说,性不是什么肮脏的事,拥有性欲也是很自然的现象。"

他点了点头,像是放下了心中的一块大石头。我们拿起餐具,开始用餐。之后的话题,多半是讨论他对于高中的愿景,他看起来又恢复了以往的从容。

贾宝玉上高中后没再联络我。我不由得去想,他选在那天问我那些事情,是不是看准了那是我们最后一次接触?为此我有些落寞,但这也是家教一职的常态,每年九月,学生进入新的人生

---

[1] 彩虹是同志平权运动常使用的象征标志。此处指作者的性少数群体朋友。

阶段，我们也得学习如何从他的生命中优雅地退场。

几个月后，贾宝玉发信息给我："老师，我交女友了。"

"你喜欢她吗？"

"不喜欢，跟她交往越久就越不舒服。每一次，她对我伸出手，希望我牵她，或者她的脸颊凑过来，我都不禁反感得快要吐出来。"

"那你为什么要跟她交往？"我有些生气。

"我晚点打给你，会打扰到老师的行程吗？"

"我今天上课到九点，你九点半再打。"

"好的。"

晚上，贾宝玉打过来，时间一分不差。我猜，他想必是一边握着手机，一边注视着时钟，心急如焚地等待。

"我妈发现我在书房里的杂志了，里面有一些……唉，我直接说好了，是一些裸男抱在一起的照片啦。我妈平常就会翻我的房间，但那天翻得很仔细，连床底下都不放过。她看到那些杂志，当场崩溃了，说我很恶心。晚上立即召开一场家庭会议，找来我爸、奶奶，三个人轮流逼问我：'你是不是同性恋？'我本来想承认，可是听到妈妈说：'我上辈子又没做什么坏事，怎么可能会生出同性恋？'我又缩了回去，跟他们说，只是好奇，不是真的。"

"这明明就是真的。"

"我知道。"贾宝玉的语气带着埋怨，埋怨我的直接。

"对不起,我错了,你继续讲。"

"那一天过后,我妈很疑神疑鬼,成天紧张兮兮。她跑去建了一个脸书账号,只为了看我的动态。日常生活中她也不断警告我:'妈妈这么爱你,对你这么好,你千万不可以去当同性恋,伤妈妈的心。'我被搞得很烦,根本不想理她,每天回家就躲进房间。我妈很聪明,改叫我爸来试探我:'升上高中了,你是不是会偷偷找女朋友?我们都很期待你第一个女友。你不用害羞,有了就带回来给我们看看。'我爸跟我妈不一样,他个性很温和,对我很好,他是那种会坐下来好好跟你说的人。换我爸接手之后,天啊我觉得更烦了,我可以躲我妈,可是我不想躲我爸,我爸是好人,我不想让他为难。刚好那一阵子……"贾宝玉顿了一下,有些犹豫,接下来的话似乎令他有些难为情。

"怎样?"我有些紧张,叫他别再卖关子。

"刚好那一阵子,有个学姐跟我告白,我看她也不讨厌,就跟她交往了,还刻意在脸书上设定'稳定交往中',我妈看到很满意,整个人神清气爽,还叮咛我要好好照顾人家。"

"也就是说……"我斟酌着遣词用字,"你拿学姐当挡箭牌?"

"你要这样说的话,我也无能为力。"他的声音很沮丧,像是从低谷传来似的,"可是,老师,我好痛苦,每次学姐把身体贴上来,我全身都很僵硬。"

"你女友没有发现你的反应很不自然吗?"

"之前有,可是我骗她:'我想珍惜你,我们的进展可以慢一点.'学姐暂时是相信了。不过坦白说,我不确定我还可以演多久。唉,这几天想学姐的事情想得都快精神分裂了。"

电话的另一端,他重重地叹了口气。

我握着手机,往后躺在床上,看着天花板,脑中一片空白,不晓得该如何协助。或许贾宝玉早已明白我什么忙也帮不上,他告诉我,只是想让这件事情的重量多一个人分担。

挂断电话后,我起身翻找贾宝玉的脸书,"稳定交往中"的淡灰色字眼不太醒目,倒是他的大头贴很显眼,小小的格子里,是他与一个长发女孩的合照,他们肩挨着肩,感觉很是亲昵,贾宝玉的笑容有些不自然,女生的笑容则很腼腆。

我觉得有些不舒服,飞快关掉了页面。

*

之后的日子里,贾宝玉一个星期会发两三次短信给我。内容很固定,都是他和学姐之间的互动。他正在经历一场很煎熬的感情,他不喜欢对方,可是答应要跟对方在一起,他觉得自己对学姐有一种无以名状的责任,在某种程度上,他相信自己必须去回应学姐的情感。在学姐期盼的目光下,他不得不跟对方亲昵。

他们的进展越深,贾宝玉就越不安,他很痛苦。在文字无法承载的情况下,他会放弃发短信,直接打电话给我,说到最后往往是以他小声的哽咽作结。他向来是个纤细敏感的小孩,讨厌假的事物,也不愿伤害人,跟学姐在一起,他第一次如此讨厌自己,觉得自己是个骗子,对不起学姐,但他又需要一位"女朋友"好跟父母交差。

贾宝玉不是个习惯和他人分享心事的人,他找我倾诉,而我不过是他相处半年的家教——这表示他找不到更好的人选了。其他人都太靠近他的真实生活,我的距离够远,只能听,什么也不能做,这是他最需要的,一个聆听而不介入的角色。

半年多过去了,贾宝玉发来一条短信:"我跟学姐分手了。"底下附赠一个笑脸。

贾宝玉做事很严谨,前后具有高度一致性。他选择用短信的方式报告,而不是亲自打电话,我可以看出他的意思:他不想多加讨论这件事情。我回了一条短信:"恭喜。"

"学姐抱怨说'你太奇怪了,不像是一般的男生',主动跟我提了分手。我故意在我妈面前装出一副忧郁、深陷情伤的样貌。我妈姑且是信了,她大概有很长一段时间不会再开口讲女朋友的事情。这样很好,我交过一任女友,我证明过了。此时此刻,我的内心一片平静,我已经好久没有这么轻松了。老师,谢谢你,这几个月好痛苦,谢谢你的陪伴。"

这是贾宝玉发给我的最后一条短信。

我很清楚,他不会再跟我联络了。他想要完全放下跟学姐的事。

我倒是经常想起那张合照,想起画面中那个笑得很甜的女生。

偶尔,我会幻想,会不会有一天,我在街头与贾宝玉不期而遇呢?那时,他可能牵着一个男生,也可能是一个女生,都好,在我的幻想中,他很爱那个人。

第 8 个家
怪兽都聚在一起了

"在我对班级重拾归属感时,母亲又急着把我给毁了。"

Hear the monsters say

少年说

我恨我的父母。

干吗用那种眼神看我?不是在开玩笑,我很认真的。

这么多年下来,我认清了一个道理:我父母是毁掉小孩子的天才,他们生出我,再用尽手段毁掉我。老师,我知道你心底在想什么,你八成是在盘算:又是一个住在豪宅里、有钱人家小屁孩的无病呻吟。至少你的眼神是这样说的。

事情才没有这么单纯!

我花了这么久,去认清一件事:"我这个人"与"我的父母"只能择一存在。别紧张,我这么说并不表示我会冲去厨房拿刀砍我的父母,相反地,我很清楚,以社会舆论而言,我父母的存在价值比我可观许多,该被消灭的角色是我。但是,我不敢死……老师你见过鬼吗?虽然很害怕,但我想要亲眼见证鬼的存在，想要有谁很坚定地告诉我，人死后，是以另一种形式继续存在的。这样一来，我或许能干脆一点地结束自己的生命。

好，我要认真说我的故事了，请给我很多的耐心，一旦你的表情不是我所预想的，故事就终止了，你别想再从我的口中得到半句话。不要觉得我是个怪人，我很久没有跟人好好说话了，事实上，我快丧失"和现实生活中的人"沟通的技巧了。今日，会想跟你坦承这些，或许是基于对老师的一点点信赖，也可能是因为这些事一直累积，已经到了不跟谁说就会爆炸的地步。

老师，你准备好了吗？

*

在"那件事"发生之前，我很乐观地相信，我是个再幸福不过的小孩。

自我有印象起，母亲在我就读的小学，至少担任过导护妈妈、爱心妈妈以及故事妈妈，等等，名称我不太确定，反正就是上下学时段维持交通秩序，每个星期有一天会来教室给同学们讲故事，或者学校举办活动时前来支援的角色。

起初，我很开心，可以在上学时间看见妈妈，带给我宛如生活在家中的安全感。母亲结束工作后，会很自然地造访我的教室，找我说话。最让大家羡慕的是，妈妈不会空手前来，她手上时常拎着几包小饼干，叮嘱我发给同学。段考前后的日子，母亲会更大方地订麦当劳请全班人吃，同学们好喜欢她，我也是。

我对妈妈的爱，在小学六年级那年的运动会后达到了巅峰。

那一年的运动会，对于我们全班有特殊的意义。上一届运动会，全校跑最快的纪律委员在倒数冲刺时摔了重重的一跤，我们班从第一名掉到第四名。台上颁奖的时候，我们在台下哭成一团，纪律委员更是不计形象哭得满脸鼻涕眼泪。

因此，六年级的运动会，我们承载着非赢不可的压力。不仅赛前的训练做得非常扎实，放学后自愿留下来练习的人也十分踊跃。班主任说，我们一定要在今年大队接力的项目中夺冠，给小学生活画下没有遗憾的句号。听到这句激励之言，有不少人红了眼眶，包括我在内。

运动会那天一早，学生家长的捐赠如洪水般地涌入班级。有一整箱的运动饮料、堆得小山似的零嘴和饼干，也有家长扛了两锅自己煮的绿豆汤和炒面过来。

十一点多，顶着烈日，我们不负众望，把其他班的选手甩在身后，得了冠军，颁奖时全班同学抱在一起，又哭成一团。我们一路欢呼地回到教室，一踏进门内，大家一个接一个发出惊叹声，只见讲台上摆满了一袋袋的比萨、炸鸡和薯条。分量很充裕，绝对不会有分配不足的问题，这点我很有把握，母亲是个细心的人，她在做事之前，会把所有可能的后果都考虑在内。

同学们兴奋地拆开纸盒，大口大口地吃起来。

母亲站在讲台上，用平常讲故事的温暖声调说："你们年纪虽小，却这么认真地参与运动会，阿姨看了很感动，要好好请大家吃一顿。大家辛苦了，你们真是好孩子！"

妈妈一席动人的言语，成功收服了大家的心。

"汉伟，你有这样的妈妈真好！"类似的声音此起彼伏。

我最好的朋友——王卷毛——往我的肩膀揍了一拳："可恶，我也好想有这样的妈妈噢！"

王卷毛的拳头落在身上，不痛，一点也不痛！

我太开心了。我的妈妈是最好的妈妈。

可是，运动会过后一个月，情况逐渐超乎我的想象。六年级是小学的最后阶段，据说小孩子的心性会在这一年产生很幽微的转变，我很赞同这样的说法，我就亲身经历了这样的转变。

班上开始有一些流言蜚语。

"蔡汉伟的妈妈好烦，她为什么要一直跑来我们教室？"

"哼！真会用钱收买人心，若没有他妈妈，谁要跟蔡汉伟当朋友……"

"班主任也被收买了！你有没有发现，班主任对蔡汉伟说话时特别温柔？"

我很讶异，一个月前，我们还在同一间教室，一同吃着我妈买来的食物。一边咀嚼比萨、炸鸡，一边口齿不清地吐出"阿姨真是太好了"的嘴巴，如今却讲出如此阴险的话语。

在十二岁的年纪，我被迫认识到：不要以为小孩子是没有恶意的生物。

在这个社会上，有一派人主张："小孩本性善良，会做错事一定是受到外界不良因素的诱导。"

抱持这种观点的人，一定没有认真品味过童年。小孩子是一种充满恶意的生物，必须随着年岁渐增，受到礼教的规训之后，才会学习收敛，或者懂得包装自己的恶意。

虽然深刻厌恶着同学们的无耻，但是毕业旅行快到了，我不能让自己落单。因此，我不得不检讨一下自己遭到排挤的原因。我用了几堂课的下课时间来思考，这才很讶异，所有人的妈妈，无论是家庭主妇还是职业妇女，她们把小孩送来学校后，便不再干预，心甘情愿地回家或工作去了。其他的导护妈妈在结束任务之后，多半会三五成群离开校园，唯独我妈妈会脱队跑来我的教室。

当天，妈妈载我回家的路上，我故作老成地说："妈妈可以不用再来我的班级了，我已经升上六年级了，要学会独立，自己处理自己的事情。妈妈多把心思放在妹妹身上吧。"

闻言，妈妈露出了哀伤的神情。

我也很难过，觉得和妈妈之间生出了一道裂缝，不如从前亲密了。

但是，和妈妈之间生出裂缝后，我和同学的关系反而越来越亲密。下课十分钟，王卷毛又会来找我讨论最新的游戏通关进度了，又有同学揪我一起去学校商店买点心了。

在我对班级重拾归属感时,母亲又急着把我给毁了。

如今想来,那只是一场很普通、很平凡的意外。我跟几个同学在穿堂玩小学男生爱玩的游戏:比力气。比到后来,大伙扭成一团,一边大笑一边转起圈圈,不知道是谁突然放了手,我被甩了出去,头撞到了墙壁上。上课钟声响起,众人一哄而散,我跟跄地爬起身,忍耐着眩晕,缓慢地走进教室,完成下午四节课程。

回到家之后,头晕的状况仍未好转,我吃不下任何东西,只想睡觉。到了七八点,我忍不住了,从床上爬起来,去客厅找妈妈,才说出"我好想吐"四个字,便弯下腰,哗啦啦地吐出一地的黄绿色黏稠物,是营养午餐的凉面和花椰菜。

"你是不是食物中毒了?"

"不是。"我摇摇头。

"那到底发生了什么事?"妈妈的脸上布满了担忧。

我没有想太多,把下午发生的事情简略地报告了一下。

听我说完之后,妈妈的眼神变得很锐利。

我一恢复到可以坐直时,她就把我带到餐桌边。她手边放着纸笔,很温柔地在我耳边说道:"来,好好跟妈妈说,是谁跟你一起玩游戏?几点的事情,那时候老师在做什么?"

如果我那时候抬起头来关心一下母亲的表情就好了。

妈妈那时候的脸色,一定很叫人害怕。

可惜我头太晕了,只想快点躺回床上休息,便毫无保留地把事情的前后告诉了她。

隔天一早,先去医院报到做检查。做完检查,妈妈把我带去学校。

车子停在校门口的时候,我很吃惊,医生说我必须静养一阵子,我以为妈妈会帮我请假。

她牵着我的手,像台风一样刮进了教室。

那时正在上生物课,生物老师是个即将退休、留着一头漂亮白发的老先生,姓氏我已忘了。

妈妈只说了一句"不好意思,先借一下麦克风",也不问生物老师的意愿,便把麦克风从对方手上接了过来。她手中握着一张黄色字条,清晰地念出和我玩耍的同学姓名。

我背脊发凉,这才意识到,前一天我说话时妈妈忙碌的右手究竟在记录些什么了。说来有些悲哀,由于母亲勤跑我的教室,对班上的同学了如指掌,她知道每个名字和对应的长相。有些人呆坐在椅子上,不敢抬头,失去耐心的母亲冲去他们的位置,把他们一个一个地揪了出来,说:"你们全部给我出去,我们到外面谈。"

为了不干扰其他学生上课,所有人集合在离教室不远的主席台上。

有些人埋怨地看着我,有些人一脸惊慌失措,瞪着眼,嘴巴微张。

我很不想站在我妈旁边,怕别人误会我们是同一国的。

班主任正在走廊尽头的教室上课,一接到消息,便放下正在进行的课程,迈开步跑过来。当她看见吓作一团的学生和被母亲架在身后的我,五官扭曲成奇异的模样。

母亲明确地下了指令,要班主任联络那些同学的家长。

"这些人的父母必须到校,厘清事情始末,谈论后续的赔偿事宜。"

班主任愣了一下,母亲不耐烦地催促:"老师,你还站在这里做什么?"班主任看了母亲以及她背后的我一眼,又回头看看其他学生,像是下定了什么决心似的,走进教师休息室。

一个小时内,所有的家长陆陆续续抵达了。与其说是家长,不如说是母亲更贴切,里头没有一位父亲。那群母亲看着冷汗直流的小孩,以及表情凝重的班主任,不禁也变了脸色。她们焦急地问道:"我的小孩怎么了?""为什么他得在这里罚站?"

接下来的几分钟,母亲一个人把那七八位母亲狠狠地羞辱了一顿。

"你们这些家长,平常根本没有尽到为人父母的教育责任。和同学玩闹时必须控制力道,否则很可能会害别人受伤,这不是很基础的教养吗?你们却疏于管教,导致昨天发生了这么严重的意外。今天一早,我带我儿子去医院做了检查,医生说有轻微脑震荡,必须追踪观察三天至一周。这几天的医药费、看诊费以及我和我儿子的精神创伤,你们全体必须赔偿!"

所有的母亲中，就数李亦杰的母亲表情最难看。李亦杰家是低收入户，班主任允许他可以打包每天的营养午餐。运动会剩余的食物和饮料，也是由他带回家。

"你们这些失职的父母，教养出一堆出手不知轻重的小孩，最后受害的反倒是我的儿子。我在乎的不是钱，而是你们那种无关紧要的态度。"

母亲看向瑟缩在一旁的班主任："你也有错，不，认真说起来，错得最严重的人是你。学生们年纪轻，玩耍不知道力道，让同学受伤了，情有可原。你为人师表，学生游戏时没有尽到看管的义务也就算了，等到学生实际受伤了，还糊涂得不知道提醒家长。做老师的，你不难为情吗？要不是汉伟在家里吐了，我可能还被蒙在鼓里，毫不知情！"

平常总是充满朝气的班主任，像个孩子一样，局促不安，扭着双手，静静挨骂。

"我把我的小孩送来学校，是为了接受教育，我儿子回到家却吐得不成人形，刚刚医生说我儿子可能有脑震荡，你叫我怎么办？我儿子是全校前几名，他的脑袋若出了什么毛病，你拿什么来赔我？你去哪里给我找一个健康无虞的小孩？"

班主任的头一低再低，肩膀抖了起来，很明显，她在哭。几名学生见到老师哭了，也先后跟进，扑簌簌地掉下眼泪。哭的人多了，哭声便大了起来。

一位家长再也按捺不住，跳出来说道："汉伟妈妈，你的儿子撞到头,大家都很遗憾,我们也有赔偿的诚意,没有要逃避的意思。只是我希望你可以稍微控制一下你的情绪,让我们理性地讨论这件事情。你怪我们,我们没有话说,的确我们做家长的在管教上松懈了。但你把矛头指向老师,未免有些逼人太甚。全班有将近四十个学生,当时又是下课时间,你要老师一个人去监督全班四十人的动态,不是强人所难吗?"

说话的人是陈力成的母亲。

母亲冷笑一声,以不友善的眼光上下打量着她:"今天撞到头的人要是你儿子,我不信你还能站在这里说风凉话。你是陈力成的妈妈吧?在纠正我之前,你要不要先好好看一下你自己的儿子?我没记错的话,你儿子的课业成绩好像是倒数的,据说还有些多动的倾向。知道自己的小孩多动,不把小孩送去特教班,坚持要留在普通班接受正常教育,这种想法非常自私,说不定……是你儿子把我儿子摔到墙壁上的,你要承担大部分的赔偿责任吗?"

陈立成的妈妈闭上了嘴巴,不敢再讲一个字。其他家长见状,也跟着噤若寒蝉。

母亲的嘴角露出胜利的笑容。

我发誓,我没有说谎,在那时候,我母亲的确露出了胜利的笑容。

母亲神气地把我带离了主席台。我们走到车子旁,母亲微微屈低了膝盖,视线与我对齐。

我后来长到了一米七八,但小学六年级的我是个不到一米五的矮子。

妈妈笑吟吟地对我说:"不要害怕,无论你长到多大,妈妈都会保护你的。"

听到这句话,我宛如在冬天被扔进游泳池,全身冰凉。

自那天起,我在学校的日子变得更难过了。我穿过人群时,可以听见那些细碎的字句:"哎,他就是那个……""对,听说他妈妈很……""所以是他让班主任……"

待距离拉近,人潮随即就地解散,其中有些人会回首看我一眼,掩嘴嘻嘻笑起来。看似未完成的语句,其实已经很完整了。我说过了,小孩子很擅长毫不修饰地传达恶意。

我期待已久的毕业旅行泡汤了,没人愿意跟我一组,跟我睡同一间房。为了不给班主任增添困扰,我在调查栏上勾选了"不参加",班主任没有多问,冷冷地接过我的单子。

我跟母亲说,毕业旅行太浪费时间了,宁愿待在家里读书,母亲不疑有他,爽快地答应了。

我以优异的成绩自小学毕业。上台领奖时,可以清晰地辨识到来自我班级的方向射来大量咒骂的视线。我给自己打气:不要在意,升上初中后,我就可以甩掉这段过去了。

以上是母亲第一次毁掉我的故事。

我这么说,无非还有第二次以及第三次。

老师，你知道小孩子最怕什么吗？

小孩子最恐惧的事情，很好懂的，那就是：跟别人不一样。

*

以下是我进入初中生活的部分。

在我念幼儿园时，举家从台北搬回台中。父母之所以挑中我们目前的住址，有很大一部分原因是为了学区。我家方圆五公里内，有一所升学率很好的明星初中和一所声誉不错的高中。小学毕业后，依照编制，我进入那所明星初中就读。

注册日，我看见陈力成、李亦杰以及他们的母亲。陈力成的视线与我的视线在空中交会，我赶快别过了头，祈祷他不要发现我。

母亲心情很好，这所初中的设备很先进，师资又雄厚，她满意地带着我逛校园，左右张望。

母亲没有注意到我发白的脸与颤抖的肩，我的双手逐渐湿润，流满了汗。

太天真了，我竟以为可以和那段过去道别，我忘了，当我的父母打着学区的如意算盘时，其他人的父母也在想着同样的事。"毕业就能解脱了"，这是多么不切实际的想法啊！

从母亲手上，我接过全新的制服，眼前是一片无止境的黑暗。

我对于人性的认知没有出错。

我在小学的"事迹"很快传遍了新的初中。在他们眼里，我像是街上的垃圾。

老师，你可以分辨屎与垃圾这两者之间的差别吗？分辨不出来吧？你看起来就是那种一路都很顺遂的资优生。那么，让我这个人生被搞得乱七八糟的劣等生来回答你吧。答案很简单，你看到屎会皱眉，会很厌恶吧？但垃圾比较特别，垃圾在上一秒钟可能是有利用价值的，例如不久前握在手里的铝箔罐，喝光里头的汽水，它就成了垃圾。

这就是我在初中的待遇。

我的成绩不错，经济上，父母给了我不少零用钱，同学们有求于我时，会勉强表现出友好的姿态，像是握着还剩一口汽水的铝箔罐，或者要我帮忙作弊，或者要我借钱给他们，一旦他们从我手上取走了残余的价值，头顶上立即出现清晰的读秒："好想快点找到垃圾桶，把这垃圾丢出去啊！"更多时候，他们看到我，会隔开一段距离。

"好想死"的念头，差不多是在那个时期形成的。

我没有跟父母陈述自己在学校受到怎样的对待，"脑震荡事件"后，我不再信赖我母亲了。

初一下学期，一个女生的出现，为我惨淡的生活捎来了清新的气息。

她太完美了,我在心底喊她女神。

女神是转学生,来自单亲家庭,父母离婚后,女神跟着母亲搬到台中来。

女神也是遭到放逐的目标,她身上时常散发出面包酸掉的异味,衣服老是穿同一套,鞋子、袜子更是脏得不该出现在青春期少女的脚上。

我们皆是班上的边缘人,被划分到同一个族群里。说是"族群",其实成员只有我们两个。没有选择的我们,和对方成了朋友,我感到很踏实,再也不用担心分组时像被拣剩的水果那样,必须忍耐他人的指点与挑剔。

女神和母亲以及母亲的男友住在一起。她告诉我,叔叔看她的眼神令她很不舒服,害得她不敢在家里洗澡,只好趁放学时使用残障厕所的冷水擦一下身体;至于泛黄的衣服、鞋袜,是因为她只有一套制服,母亲没有外出工作,家中经济只能仰赖叔叔打零工的钱。

除去身上的异味,女神长得很清秀,我有时看着她,心里会有奇妙的感觉。

女神说,这世界上没有人需要她。

我急忙纠正她,至少我个人非常需要她。我没有说谎。

我交给女神几千块,也从家里倒了一小瓶专柜品牌的沐浴乳给她。我叫女神多买一些衣服、鞋袜,换下来的就交给学校附近的洗衣店处理。

父亲一个星期只给我一千元的零用钱,为了拯救女神,我从爸爸的书房拿了好几张千元大钞。我爸是做生意的,他的抽屉里放着好几沓千元大钞,抽走几张不算什么。

回到家之后,我把自己锁在房间里,打电话给女神。我们一聊就是三四个小时,她时常被我逗得哈哈大笑。不能联络的时候,就改发信息。我不是个擅长写作的人,不知怎么,每次写给女神的信息,往往甜蜜得连我自己也感动不已。

我的排名一落千丈,我不以为意,女神是我新的生存意义,我需要她,她是世界上最需要我的人,我不能没有她。

圣诞节那天,我向她告白,女神点头了。

那一秒,我觉得自己好幸福,我可以抛下所有的不愉快,只为了她而活。

我们之间的身体接触也以惊人的速度推进。交往两个月后,女神主动把我的手塞进她的制服。隔了几天,在我的哀求之下,她允许我隔着衣服抚摸她。

寒假时,女神回外婆家住,不好打电话,我很想她。餐桌上,我吃着母亲煮的咖喱,顺手发了条短信:"好想你,好想摸摸你……"

不到一分钟,女神回信了:"你那么想我?"

"当然,想死你了。"我一边叉起盘子里的牛肉塞进嘴里,一边敲打手机键盘。

"只要你这阵子乖一点,开学的时候,我可以考虑一下要不要试试别的。"

看到这条短信,我的耳根子涨红。

母亲走过来,问我要不要再来一些汤,我摇摇头,换了个坐姿,遮住裤裆。

"你在看什么?怎么笑得这么开心?"母亲问。

"没什么。"

千万不能让妈妈知道女神的存在,否则妈妈会再次毁掉我的幸福的。

唉,我的想法还是太天真了。

*

洗澡时,我习惯把手机放在浴室外的置物柜上。

那天,我湿漉漉地从浴室走出来,找不到自己的手机,便小跑回房间。父母已经站在房间里等我了,父亲双手叉腰,母亲则满脸阴郁地立在他身侧。

"你必须跟这个女生断绝来往,不然我给你转学。"父亲说。

"不可能,她是我的女朋友。"

"你被骗了,我问过老师了,这个女生是单亲家庭,妈妈离婚没几个月又交了一个男朋友。这种背景的女生,思想一定不干净。你们不能在一起。"母亲说。

"为了你好,这几天手机先放在我这儿,等你想清楚了再来找我拿。"狡猾的父亲避掉了"没收"这种字眼，装出很大方的姿态。

走出房间时，母亲转过头来，似乎想起了什么，以一种很哀戚的声调说："不要怨我们，做出这个决定，我们当父母的可是比你还要心痛啊，你不会懂我们有多担心你。"

*

老师，不妨快转到下一幕吧，反正你老早就从我父母那边得知了，我初中念了两所学校。嗯，我父母给我转学了。他们认为这是个一劳永逸的好方法，只要我和女神多一天保持接触，他们就多一天不能心安。另外一个关键是，我快升初三了，他们向来很在意我的成绩。

我的父母不顾我的意愿，给我办了转学。

如今回忆起来，仍让我痛苦得想死。

那天早上，六点四十五分，我穿好制服、袜子，书包也收拾好了，坐在自己的床上，指针走向六点五十分时，我起身，下楼梯。一进到客厅，我的心中立即浮现了不祥的预感：平常日子的六点五十，客厅里只会有父亲一个人，母亲总是先载两个妹妹去学校。那天的客厅里，却有父亲与母亲两个人，他们坐在沙发上，一见到我，同时露出一种复杂的神色。

"爸，我们走吧。"我故作镇定地说。

"从今天起，你不用去H校上课了。"父亲说。

"我们帮你转学了，从今天起，你是Y校的学生了。"母亲说。

我活像是误入他人摄影棚的演员，对于场景的排列、陌生的情节感到手足无措。好长一段时间，我只能看着他们，口干舌燥，嘴巴开合了好几次，吐不出半个字。

我的理智重新接上线后，说的第一句话是："我要回H校上课。"

"你的学籍已经换到Y校了，纵然你进去H校，也会在警卫室被挡下来的。"母亲说。

"你不再是H校的学生了。"父亲说。

"在新的学校，忘掉那个女生，好好展开人生的新一页吧。"他们一起说。

我看着他们，他们的形象逐渐歪曲成两只怪兽。

我转身，奔回自己的房间。美工刀安静地躺在抽屉里，散发着淡淡的银光。我拿起刀，划破窗帘、枕头、床单，但凡落入视线的布料，无一幸免，全被我割成条状。美工刀最终落在自己的手腕上，我轻轻施力，血珠流了出来，痛！痛死我了！我缩回手，美工刀掉在地上。

对于自己"原来很怕死"，我感到极度羞耻。

无法以割腕来明志的我，在大哭之后，只能懦弱地苟活下去了……

翌日，我站在Y校门前，流下眼泪。

父亲拍拍我的肩膀："你很乖，做得很好，在大考前更换新环境是一件很痛苦的事，你可以走过来的。记住，家人是永远不会背叛你的，家人是永远和你站在同一边的人。"

我泪眼模糊地看着父亲，在我眼中，他变得有点不像人类。

去Y校后，我与女神彻底失联了。

母亲更换了我的手机号码，我打给女神，想告诉她我的新号码。我打了一百次、一千次，话筒那端的回应始终只有："你的电话将转接到语音信箱。"

我的父母不知道跟女神说了什么，她不再接我的电话了。

我成了Y校的红人。

我拒绝任何一场考试。考卷一发下来，我立刻趴在桌上睡觉。初三的考试很多，考期越近，我睡觉的堂数越是节节高升。老师气得发抖，在全班同学面前羞辱我，要我罚站、跑操场、交互蹲跳，甚至拿藤条抽打我的手心。我像是个没有感觉的人，不发一语，面无表情地接受老师的处置。老师对我消极的态度很是敏感，他对我的体罚日益离谱。有一天，他很得意地站上讲台，宣布最新的惩罚："蔡汉伟没救了，从今天起，我不管他了。你们也是，俗话说近朱者赤，近墨者黑，各位同学，最好跟这种人保持距离啊！"

起初，听到老师的处置，我的心脏缩成一团。但片刻后，我已适应得很好。别害怕，我安慰自己，类似的事件，早在小学跟H校就已体验过了，我这次也能驾轻就熟的。

老师不管我，我在Y校的日子过得很惬意，不是在睡觉就是在看漫画。

好几次，母亲红着眼睛问我："你这孩子到底怎么了？要怎么做你才会重回正轨？"

"让我跟她说说话，一句话也好，拜托你……"这是我唯一的请求。

母亲突然收起了泪水："你想都别想！"

"只要让我和她说说话，我就会念书了。"

我跟母亲类似的对话，循环了好几次。有一天，母亲没有回嘴，只是交给我一张字条。

是女神的字迹，上头写着："我交新男友了，对不起，你转学之后我好孤单，很需要别人的陪伴。我对你很愧疚，不好意思见面说话。忘了我吧，这样对我们都好。"

握着字条，我低下头，哭了起来。我没有像父母所期待的重新振作起来，相反地，我过着更自暴自弃的生活。考试时，我胡乱填了一下答案随后趴在桌上睡觉，五科都是这样。自收到字条的那天起，对于自己的人生，我一点也不在乎它的走向了。"随便你""都可以"成了我的口头禅。

发榜的早晨，母亲用电脑查询，过了几分钟，她关上屏幕，没有再说话。

我考上了一所不怎么样的高中。

有一点倒是不吐不快，H校的毕业旅行安排在初三上，Y校的则是初二下。

延续小学的诅咒，我没有参与毕业旅行。

老师，你可能觉得我是个很傻的人，只是一段感情，干吗把自己搞得这样落魄？容我实话实说吧，你这样理解是错的，女神之于我，不仅是情感的伴侣，我爱她，有更大一部分的原因，是她愿意接纳最丑陋的我。一般人在谈恋爱时，无一不是绞尽脑汁地表现出自己最美好的一面，我跟女神的相遇全然不是这么回事。我是班上避之唯恐不及的垃圾人物，女神身上弥漫着令人介意的味道。我们能够在那样的前提下牵起对方的手，没有谁的感情比我的更真实了。

*

好，我们休息一下。先谢谢老师你这么有耐心地听到现在，以下的桥段，你应该比较熟悉了，因为，你也出场了。升上高中之后，为了抢救我烂到谷底的课业，我的父母前后聘请了两位家教：你跟颜老师。你和颜老师有个共同特质：说话有趣，让人忍不住想亲近你们。在此，我得坦承，我很感谢你们两位的参与，跟我的母亲不同，你们很愿意花时间听我长篇大论。

我原先很抗拒家教，几个月下来，反倒很期待你们每周两次的到来。

颜老师说，我现在读的这所高中，跟我从前的生活圈有段距离，没人知道我的过去。只要把成绩拉上来，又能恢复小学风云人物的日子。我听了很心动，待在谷底久了，颜老师看出来，我很怀念小学六年级之前的时光。

在你与颜老师的协力帮助下，半年内，我的校排名戏剧性地从一百八十几名跳到了前二十名，物理段考拿下两次全校最高分，老师跟我说话的态度变得很友善，下课时段，来找我的人一天比一天多。许多同学拜托我教他们物理，我好得意。

上学之于我，又成了一件可以期待的事情。

可是，总是这样，在我追求幸福的过程中，我的父母也躲在我的背后虎视眈眈，觊觎我所拥有的一切。于是，在我又能挂上微笑的瞬间，他们也展开行动了。

我高一英文挂科了，那是老师你负责的科目。

我告诉母亲，三次段考，我都及格了。但我没有说明的是，老师指定的小考、随堂测验以及作业，我全都没有交。为什么？因为懒吧。你不能要求一个甫从深渊爬回来的小孩，立即准确且精实地重建自己的人生啊！不要生气，你也清楚我说的是实话吧。

老师，对不起，你被母亲狠狠地责备了一顿。这不是你的错，是我，是我漏想了这个环节，请了家教，就表示从此有人得为我的学科成绩负责。

"老师，我们花这么多钱请你，就是要你看住他啊！怎么会出这种纰漏呢？"

"你居然忘记问他在学校的情况，真是太大意了！"

"果然是年轻的老师，历练不足，颜老师当了专职家教十几年，可不会犯这样的错。"

听着母亲对你的责备，我良心有些过意不去。明明是我的错，母亲却不骂我，反而去怪罪一个星期顶多出现六小时的家教，这就是所谓的代罪羔羊吧。

"我们必须去学校一趟。"两只怪兽交头接耳，下了指导棋。

老师，我看着你，心中生出怜悯，他们不会放过你的。

"老师你也跟着来吧，这孩子英文的学习情况，你最熟悉了。"母亲换上亲切的笑脸。

果然。我说得没错吧。

老师，很可惜你看不见自己的反应，真是令人印象深刻。脸上虽写着"谁要去啊？""凭什么我要去学校和老师对话？""该怎么拒绝才不会丢了这份工作？"从唇齿间迸出来的话语却是："好的，那我跟你们一起去学校吧。"

大人好虚伪，有人说小孩长大后会变成大人，我不能接受这样的说辞。

我可不会放任自己成为像你们一样的生物。

英文老师姓葛。我们抵达教师休息室时,葛老师显然已得到通知,她坐在沙发上,一脸严峻地看着我们,细软的头发梳得很整齐,很符合她自律甚严的作风。

"老师,我需要一个交代,我儿子三次段考都及格了,我承认他平日是懒散了一点,但你为什么不能通融一下,给个六十分也好,为什么非得让这个孩子不及格呢?"

葛老师没有立即回应,她站起身,从身后的柜子里取出一本很厚的蓝色资料夹,在注有"日常成绩"的夹层里取出一张纸:"这是全班的日常成绩,八次小考,十次作业。"

她纤长的手指落在一行醒目的空白上:"这是蔡汉伟的日常成绩,看到了吗?是空白的。你的儿子,一次考试也没参与,一次作业也没交。你可以看一下其他同学的得分,只要有考试、按时交作业,我的给分是很宽容的。"

我偷觑了一眼,大家大都是八十分起跳,最低的也有七十五分。

不苟言笑的葛老师,在日常成绩的项目给分这么"甜",我对她有些改观了。

母亲把那张纸接过来,专注地检视,眉头越锁越紧。

葛老师不卑不亢:"我不是要故意为难你儿子,相反地,我是在帮他。高中英文不好拿分,只以段考成绩计分很容易打击到小孩的自信,我尽量通过日常分数来提升学生们的总成绩。可是,汉伟妈妈，蔡汉伟一次作业也没有交，他自己不努力，我怎么帮？"

母亲转过头来，肩膀一带的骨头发出咔嗒的声响。

"为什么不交英文作业？"

这下子，教师休息室内所有人的视线都聚集在我身上了。其他老师佯装忙于手上的事务，眼角余光偷偷关注着沙发这里的动向。我成了主角……这样说似乎怪怪的，毕竟我从事件起始就是主角了，好吧，修正一下我的说法，此刻，镁光灯终于打在我这位主角身上了。

糟糕，我有点兴奋，这样不对吧？

清一清喉咙，我刻意以一种很吊儿郎当的口吻说："我也不知道，我就是不想写。"

我的回答得到了绝佳的效果，母亲的脸歪向一边，嘴唇不停地颤抖。下一秒，她哭了出来。当着所有老师的面，她把脸放进掌心，认真地哭了起来。见状，我的脸也歪了，天啊，她是嫌戏剧张力不足吗？居然就这样哭了。

"葛老师，你也看到了，我的儿子这么有主见！他一句'我就是不想写'，我们做父母的，难道能逼着他去考试，架着他去写作业吗？"母亲把握镜头，继续发挥她惊人的表演天分，"是我们夫妻没用，管不动自家小孩。可不可以请你再给他一次机会？才差两分而已，只要你帮他加上两分，他两个学期的平均分就过六十了，老师，我求你了……"

葛老师脸色铁青，母亲这一招奇袭乍看之下奏效了。

我回过神来，津津有味地打量着眼前瞬息万变的局面。

老师，那个时候，你一定打心底憎恶我那置身事外的态度吧。看起来很欠揍是吗？只是，你不妨想一下，乍看之下，这是我的人生，但实际上操盘的是那对合作无间的怪兽。

日子久了，我还会对自己的人生感兴趣吗？

废话就不多说了。

葛老师不愧是教书近二十年的王牌老师，她没有被母亲骗上舞台，随母亲一同起舞，相反地，她很快镇定下来，把掌心覆盖在母亲的手上，很慢、很沉重地说："成绩已经送出去了，如今我也没有更改的权力。汉伟妈妈，我可以理解你此时此刻的心情。但是汉伟已经十七岁了，眼看着就要满十八岁，他快成年了。在法律上，十八岁已经要负担完全的刑事责任了。做父母的，是否该放手让孩子成长呢？"

我几乎要为葛老师喝彩了，跟小学六年级一下子被打爆的菜鸟老师不同，面对我妈凌厉的攻势，她不但成功抵御，还做出了漂亮的反击。

情势逆转，视线又落到我妈身上了。她没有说话，只是直直地瞪着葛老师。

葛老师要赢了吗？老师，若你曾经闪过这样的念头，哪怕是一秒，也是很不应该的。

可以毁掉自己小孩的怪兽，怎么可能会输呢？

"葛老师，我知道你未婚，也没小孩。我很期待，等你有了小孩，会怎么教育他？你自认会教出一个成功的小孩吗？我非常想知道，今天，倘若是你的小孩站在这里，你也会像现在这样，坚持毁掉一个年轻人的未来和人生吗？"

我不用看也能想象，在场所有人，包括支着耳朵偷听的那些老师，全都脸色大变。

葛老师抽开手，身子往后退，眼眶迅速地涨红。她的嘴巴张了又闭，像鱼在吐泡。她教了我一年，我没见过她这么狼狈的样子。

等候多时的父亲发声了："我们走吧，跟这种人说话没有用。"

父亲站起身，居高临下地看了葛老师一眼，没有说再见，大步地迈出教师休息室。

老师，我能原谅你当时惊愕的呆样，我跟你说了好几百次，我的父母在跟你打交道时，总表现出一副他们很爱我的模样，以及他们是多么敦厚纯朴的父母，那是假的，是表面。你起初不肯相信，还质疑我不知感恩。俗话说，百闻不如一见，这次把老师牵扯进来很不好意思，但让你亲眼见识一下这对夫妻的真面目，我想是很值得的经验。

葛老师是很受学生爱戴的老师，她很严格，但她的严格是经过思考的，学生可以感受到她背后的用心良苦。大家喜欢抱怨她，然而那些抱怨不失撒娇的味道。

葛老师和母亲的精彩对决几日内传遍了校园，这根本是脑震荡事件的翻版，我又被孤立了，前一天还在同我说笑的同学，看着我的眼光充满了忌惮与猜疑。不同的是，大家好歹是高中生了，排挤的技巧升华了，他们不会当面表露对我的鄙夷，但我听到了一些风声，班上的灵魂人物在脸书上创了一个社团，叫作"妈宝蔡汉伟"，我贿赂其中一个社员，叫他把页面打开给我看，浏览了几分钟后我关上了，看太久有碍身心健康。

纵使我有满腹的牢骚，还是快进一下吧，否则这故事的重叠程度未免太高了。

"妈宝蔡汉伟"社团建立约莫一个月，我认清这个班级已无我的容身之处，得另寻出路了。我开始和校内一般人口中的"不良少年"走得很近——老师这辈子不认识几个吧，全部科目加起来不到一百分，不仅被家长放弃，也被学校放弃的那种人。

不出几个星期，我在新的团体建立起自己的地位。我拿什么来说服他们呢？不用想也知道，是钱。或许是身为长子的缘故，我的父母对我一向很慷慨。我出借昂贵的游戏设备，正版球衣、球鞋，必要时直接借钱给他们，他们簇拥着我，而我，则像是君王般，随性指出今日施舍的对象。我的开销越来越大，拜访父亲书桌的次数也越来越频繁，必要时，我也光临过妈妈的皮包，嘘——请保密，老师不想害我难做人吧？

团体中有个女生很黏我，她的神韵跟女神有些近似，看看她，会唤起我许多甜蜜和痛苦的回忆。星期五最后两堂社团课，我们会很有默契地想个借口，溜到高职部顶楼的残障厕所幽会。段考前的周末，我们偶尔欺骗自己的父母，说要去图书馆念书，其实是跑去旅馆。

没有一家旅馆提出检查证件的要求，这点我的朋友老早就告知了，但是第一次毫无障碍、轻而易举地坐在旅馆的床上，令我有些怅然若失，少掉违法的刺激感，这件事也不太酷了。

老师，你的表情好好笑，有那么不可思议吗？也对，老师大我七八岁，一路念的又是第一志愿，在那种干净的环境长大，脑袋容不下半点肮脏吧。

现在女方的父母要告我，除非我们赔钱和解。真是莫名其妙，我在这件事中一直处于被动，也不是只有我一人有责任。唉，只因为我是男生，才让对方的家长有了可乘之机吧。

老师，你差不多要被辞退了。我的父母要放弃我了。

我妈说，她累了，也受够我了。

说这些话时，她突然拿自己的头去撞墙。我吓坏了，搞什么啊，我才是真正活腻的那个人好吗？她凭什么抢先一步，说她累了？

据称他们这次要把我送去国外，进行更进一步的改造。

老师，再见了，很遗憾我们是以这种形式道别。

母亲说

老师，我不知道我的儿子跟你讲了什么。请你听听就好，不要放在心上,我的儿子很聪明,也很擅长说谎,他说的内容,有很大一部分是出自他个人的误解与妄想,他总是无所不用其极地把我给妖魔化。我想跟你澄清一下,我们不是汉伟所描述的那么可恶的父母。

事情演变到这种局面,我一直想不通,到底在哪一刻,我失去了这个大儿子。

听完我的解释之后,方便给我一些头绪吗?

我和丈夫均出身农家,体会过穷苦的日子。我是长女,很早就牺牲了学业,进入城市赚钱供养底下的弟妹。先生是长子,比我幸运一些,整个家庭把所有的资源都集中在他身上,资助他完成大学教育。我与先生在公司认识,他是主管,我是个小职员,在他的鼓励下,我拾起荒废已久的学业。拿到高中毕业证书当晚,他向我求婚,我没有第二句话,点头答应。

我所接受的教育是这样的:把生命中的所有事情都视为义务,不讨论权利。赚钱养家是义务,时间到了踏入婚姻是义务,生小孩是义务,照顾父母直至他们老死是义务,为孩子牺牲奉献是义务,孩子长大了反哺老迈的双亲,自然也是一种义务。

坦白说,我不曾怀疑这些义务存在的本质,以及为什么自己要受到这些教条的规训,我接受了,并且在接受的过程中寻找某种程度的安全感,也可以称为信任。我信任自己,信任丈夫,也信任社会上其他陌生人会毫不犹豫、毫无怀疑地履行这些义务。

如此一来，这世界将会依循着稳定的秩序运转。这一代的人养育下一代，下一代的人养育下下一代……而今看来，我的想法好像太梦幻了。

在我那个年代，夫妻不太可能把情爱挂在嘴边，比较贴切的字眼是"道义"与"责任"。夫妻关系类似伙伴，你也可以说是合伙人，以经营公司的思维去经营自己的家庭。公司内部要有组织，组织上要有对应的人。至于外界怎么看待这家公司的发展与前景，不外乎是家庭最重要的资产——小孩。

请不要质疑这句话，我跟我丈夫在商场上摸爬滚打这么多年，经验告诉我，再怎么成功的企业，到了晚年，也不得不正视接棒的难题。婚后，在公婆的赞助下，先生创建了一家物流公司，我则在五年间生了三个小孩。为了提供给小孩经济无虞的生活，先生不眠不休地工作，我负责打理家中诸事，包括三个小孩的教育。等小孩大一点，我请了一个保姆，好让自己有时间打理先生公司的财务。我跟丈夫于公于私，都是不可或缺的伙伴。

汉伟读幼儿园时，我和丈夫开始考虑搬家。原有的居住环境太小了，不足应付孩子们将来长大后的空间需求。那时，先生的生意上了轨道，我们手上握有不少现金。

看过一户又一户，始终没有让我们点头的房产，在我们犹豫是否暂缓搬家时，中介交给我们一户花园别墅的资料："这一户位处文教区，地理位置幽静，方圆五公里内没有半家网吧或声色场所，学校是明星初中，顺利的话可以考进社区高中，很适合你们这种重视孩子成长的夫妻。"

明知是话术，我内心深处却有什么被触动了。难以形容，非常神奇的感受，我变透明了，小孩的存在穿过了我。我转过头，用眼神跟丈夫示意：很可能就是这户了！

老师，这里很漂亮不是吗？从二楼的落地窗看出去，左邻右舍的绿植真是美不胜收。那位中介没有夸大，这里确实闹中取静，也因为一户买下来并不便宜，邻近的住户也有一定的社会背景，对面住的是一对公务员退休夫妇，隔壁的男主人则是某外商银行的高管，在这样的成长环境下，我不用紧张小孩子会跟不三不四的人来往。

哎呀，不好意思，扯远了。

总之，我们买下了这里，如你所见，二楼是客厅和小型办公室，我们跟小女儿住三楼，汉伟跟大女儿住在四楼。五楼按我们原本的规划是作为先生练习书法的场所，这是他鲜为人知的嗜好。室内设计师来到家里时，不知怎么，先生愣愣地说了一句："改成孩子的书房吧。"

在那一刻，我感动得泛出泪花，我的丈夫跟我一样，我们是旧世界出身的，为了小孩的福祉，愿意牺牲、奉献出所有的一切……

这是你们新世界的人所不能了解，甚至嗤之以鼻的。老师，我没有怪罪你的意思，可是你们现代人的想法跟思维，是我无法领教的。

汉伟五六岁时，我观察到一个令人不安的现象：越来越多的人不遵守社会上的规矩了。

我称他们为新世界的人，以便和我们这种旧世界的人做出区别。

新世界的人，试图以各种方式从各种义务中遁逃出来。以结婚生子为例好了，他们其中有不少过了三十岁还不肯踏入婚姻，只因害怕婚姻所带来的负荷，或是结婚后惊觉维持婚姻这么麻烦，便很爽快地离了婚；也有那种结婚后嚷嚷着不想被小孩绑住的，叫什么来着，丁克族对吧？总而言之，在我眼中，他们一个不如一个。

最令我傻眼的是，他们自己逃避身为社会一分子的义务也就算了，别声张，我还勉强可以谅解，偏偏他们做贼心虚，先声夺人地展开宣传："结婚不能代表幸福，不婚也是一种选择""离婚后的女性仍有追求真爱的权利"，其中也不乏诸如"不要把重心放在家庭上，女性要培养个人的生活与兴趣"之类的歪理。

搞什么啊——这些人动嘴巴时，大脑是停止运转了吗？

男人出外打拼天下，女人把家庭打点得温暖舒适，这不是很自然而然的分工吗？若一味讲究"自我"，为什么不勇敢一点，宣布自己要当永远的……之前不是有一个很流行的名词，偶像剧也使用过的词汇？败犬？对，就是"败犬"这个词。假设所有事第一个想到的都是自己，不如当一辈子的败犬吧，这样说很恶毒，不过我不会收回的。

几年前，我在电视谈话节目中，看到穿着短裙、露出整个膝盖的女艺人，向观众表示"我很庆幸当年有离婚的勇气，现在我过得很幸福"，我的心都凉了，是谁放水让这种言论出现在媒体上的？不怕教坏小孩吗？我断了第四台，同时警告汉伟和他的两个妹妹，没有我的允许，谁都不可以靠近遥控器。这么多年下来，我只给他们看英语教学节目及少数的新闻，我不给他们看卡通，最近的卡通很狡猾，时常偷渡一些色情和暴力的镜头。

汉伟念小学后，为了得到他的第一手信息，我自告奋勇地担任导护妈妈、爱心妈妈和讲故事妈妈，希望帮助他成为一个受欢迎的小孩，不时送孩子喜爱的饮食去班上。

作为母亲，我自认比其他所有母亲都要勤勉。

唉，这样的防堵还是不够。

这世界越来越脏了。想要养育出一个干净、无污染的孩子，实在是困难重重。新世界的人正以细菌般的速度繁衍，很多和我们一样出身旧世界的人，也抛弃了旧世界的道德，自甘堕落地投身新世界的怀抱。悲哀的是，我们这些择善固执的前辈，不仅没有受到尊重，相反地，还动辄被投以"老古板""不知变通"的讥嘲。

我很焦虑，这样的社会还有未来可言吗？

*

汉伟弯下腰拼命呕吐的那天，我的心都碎了。我那么努力，不让儿子受到一点损伤，同学一个无心的举动，班主任缺席的五分钟，汉伟就受到这么大的伤害。我好害怕，世界的秩序松动得远比我所料想的更加严重，我怎么保护我的孩子也是徒劳，新世界的人以及他们率性管教下的后代，注定会给旧世界的人带来困扰与伤害。

老师，你可以试着体会我的心痛吗？就像是你精心呵护的稚嫩幼苗，却因邻人没有整理他们的花木，台风一来，隔壁的断枝恶狠狠打在你守护多年的幼苗上。

在我的坚持下，菜鸟老师笨拙地根据通信录拨着电话，第一时间，居然有三分之二的家长的回应是："不好意思，人还在公司，待会儿赶到学校！"

我非常愤怒，身为母亲，没有把心思放在家庭上，为了几个钱外出工作，在她们为了公事操劳时，还有多余的精力教育孩子正确的道德观吗？她们回家会烹煮营养健康的膳食吗？在联络簿上签字之前会好好地看过孩子写下的每一项吗？

那些母亲匆忙抵达时，我怒目而视，她们还一脸茫然的痴呆样。

真是太可恶了！我越想越生气。

她们可有思考过为人妻母的义务？当下的社会鼓励职业妇女，呼吁女性以经济独立换取人格的独立，这种观点实在叫我忍不住翻白眼。我说过了，义务，义务，每个人在社会上有其应尽的义务，男人的义务是在职场上拼命，给家庭带来稳定、丰裕的收入，女人的义务是打造一个令所有成员都心悦诚服的家。人人站在自己该立足的位置上，像颗拧紧的螺丝钉，社会这部机器会运转得良好。但我也说过了，新世界的人满脑子只想着如何从义务中遁逃出来，只想着自己。往自由投奔的母亲导致亲子教育的真空，而这真空的无辜受害者，是我可怜的儿子！

我将那些不称职的母亲骂得狗血淋头，心中很是痛快。

结束后，我把一脸惨白的汉伟带离现场，他看起来不太好，像是从什么梦魇中醒来似的，我很同情他，头部受到的撞击太强了，他得休息一阵子。

老师，汉伟变了，变成了一个陌生的孩子。

我那成绩优异、具有领袖特质的完美儿子不见了。那次事件后，住在我家的，是一个刚学会逃避责任的人。汉伟第一次开口说不想去学校，我简直不敢相信自己的耳朵，遇到挫折便逃避，岂不是新世界的人的标准作风？我一手栽培的好儿子，不知何时被带坏了。

我没有把他的异状告诉丈夫，管教汉伟是我的责任，我若向丈夫抱怨，也许他忍住不说，心底却会想：我把儿子交给你，你怎么没把他带好呢？

我没有线索，问汉伟他也不说，只能猜是那些无耻的小孩展开了报复。真是一群不可救药的家伙，非但不自省，还想孤立汉伟来减轻自己的罪恶感。我怜悯他们，乏人管教的小孩跟孤儿没两样，他们的父母是新世界的人，新世界的人可不会记得矫正孩子失序的行为。

那位菜鸟老师也很荒唐，这种群体的欺压事件，有经验一点的老师绝不会等闲视之，她以为在班会上温情喊话，要大家相亲相爱，能收到多少效果？

没关系，汉伟快升上初中了，他即将远离这不洁之地。

牵着汉伟办理注册的那一天，我的脸上堆满笑容。果真是区内升学率最高的初中，校园内洋溢着活泼、清新的气息，接待的老师也很客气。我特地在穿堂的布告栏前停留了一会儿，留意上头的成绩风云榜和校外竞赛成果，我很满意。

"你喜欢新学校吗？"我问汉伟。

他轻轻地点了一下头。

我握起他的手，温柔地看着他："答应妈妈，要在新学校振作起来哦！"

不知道为什么，汉伟的手又湿又凉，可能是太紧张了吧！

汉伟也很期待初中生活吧。我乐观地想。

*

升上初中后，汉伟的心情没有明显的起色，对上学依旧提不起兴致。我压抑心中的焦急,耐心等候,等候汉伟像小时候一样,把心事告诉我。

迟钝的丈夫也开口了:"我怎么觉得儿子比以前还要阴郁?"

我给汉伟的零用钱更多了,是我给两个女儿的总和。我心中对于这样的差别待遇感到不安,但汉伟一拿到钱不但对我露出感激的微笑,还会撒娇地喊几声妈妈,我又觉得这样做没有错。

我只有汉伟一个儿子,他得好起来。

几个月后,我收到一张电话账单,逼近五位数的天价。我心中警铃大作,该死,又有细菌沾上了。此为紧急事态,我别无他法,硬着头皮跟丈夫报告,幸好丈夫看出了事情的严重性,没有责怪我的轻忽,反而热心地跟我商讨解决方案。我们最终决定采取最高效的方式:直接趁儿子洗澡时取来他的手机,检查他的通话记录以及短信。

屏幕上,露骨的文字映入眼帘,我差点恶心得吐出来。

这次来污染汉伟的,是更顽强的细菌。别说我反应过度,老师,你诚实地跟我说,这些不雅的字眼,出自一位十四五岁的女孩口中,你不觉得恶心吗?

孩子的成长只有一次,做父母的责无旁贷。丈夫当下打了一通电话给老师,老师给了一些关键信息:父母离婚,现在和母亲及母亲的男友同住一个屋檐下,经济来源主要是母亲的男友打零工的收入。

我和丈夫的眼睛瞪大,面面相觑。这个女生的母亲在做什么？都三十岁的人了，活得这么随便不丢脸吗？殊不知她的女儿有样学样，也想攀个男人轻松度日。不用想了，那些露骨的短信，正是那个女生诱惑汉伟的铁证！

我刚才不是提过了，三个小孩从电视上吸收多少信息、怎样的信息，长年下来皆在我的审核下进行，为了孩子，老公也合作无间地只在公司读报。家中唯一的台式电脑放在客厅，谁使用过，又做了什么，没有一件事可以躲过我的眼睛。在我缜密的管控下，汉伟没有接触色情信息的机会，怎么可能说出那些词句？对吧？老师你教汉伟一年多了，你判断一下，一个十三四岁的小孩，没有外人的唆使，会主动讲出那种话吗？不会吧。那些话想必不是出自汉伟自己的意思，他太懵懂了，不晓得怎么处理这类城府很深的女生。

我跟丈夫商讨过了，这女生不好对付，她八成看出了汉伟来自富裕的家庭，想方设法要巴结他。被她的花言巧语迷得团团转的汉伟，看不到她的真面目，还反过来振振有词地为她辩护。我那可怜的儿子，是我不好，来自新世界的侵扰又太多，没关系，我还来得及挽救。

我提出给汉伟转学。丈夫起先犹豫不决，我告诉他："汉伟一天在学校八九个小时，我们再怎么尽责地消毒杀菌，别忘了，汉伟依然和那个女生在班上朝夕相处啊。我们辛辛苦苦养出来的小孩，是活该要被污染吗？汉伟快升初三了，转学对他来说确实有些辛苦，可是，孩子正在走偏，你做人家父亲的，看了不会忧心吗?"

"你说得很对。"丈夫采纳了我的主张。

*

事实证明,我错了。

汉伟在 Y 校没有变乖。我几乎要跪下来恳求他好好准备考试,汉伟一向很擅长考试的,但在 Y 校,他缺席每一场大考小考。我告诉汉伟,只要他考上前五志愿,我可以送他最新的智能手机,他不要,反复吵着要和那女生再见一面。

我也急了,基测已经倒数一百天了,我不能坐视他考上名不见经传的学校,丈夫会怪我的。我找上汉伟在 Y 校的老师,看看有没有办法一劳永逸地根除我儿子对这女生的执着。老师给了一个建议,不妨叫那女生写一封信,信中务必要决绝地表达出"不愿意继续这段感情"的立场,唯有让汉伟彻底死了这条心,整件事才有转圜的余地。据 H 校老师所说,那女生一开始很不情愿,但一听到汉伟在 Y 校过着自我放逐的生活,似乎也良心发现,静静回到自己的座位写信了。

我把那封信交给汉伟。

老师,你绝对想不到,看完那封信之后,他哭得死去活来。

我看了好不忍。我的儿子被设计得好惨,这种虚情假意的感情他也当真。

我轻抚他的背："儿子啊，青春期的爱恋是不可信赖的，你看，这女生没有你之后，飞快地找了另一个人填补你的空缺，你要快点好起来，让自己的生活重回正轨！"

我满心期待着儿子的洗心革面。

好奇怪……我似乎又错了。汉伟更堕落了，不顾我的声泪俱下，他就是不肯念书。考基测那天，他每一科目都提早交卷。考场很炎热，我的心却冰凉，我明白汉伟放弃这次考试了。

那几个月，我的丈夫留在柬埔寨视察工厂的营运，晚上我与他通电话时，时常犹豫要不要向他说一下汉伟的情况。老实说，我不太敢讲，汉伟是长子，我丈夫对他有特别的期望，我怕我据实相告，会害得丈夫在柬埔寨不能安心做事。

我一再拖延，直到汉伟基测成绩出来，丈夫打电话来关心他考得怎么样，我才小声地念出他的分数。电话另一端沉默了好久，久到我快窒息了，我丈夫闷闷地问了一句："奇怪，这孩子小时候不是很会念书吗？"

我承受不住，抱着话筒痛哭起来。

老师，汉伟有没有跟你提过，我们夫妻俩曾经拿三个小孩的生辰八字去让老师算命，那老师很有名，很多艺人和政治人物都找他算过，他一次要好几万，我们付了快十万块给他。

那个老师拍胸脯跟我保证，汉伟天资聪颖、气质出众，是拿笔的命，未来的工作很可能带个"官"字。我从未怀疑过这个见解，汉伟的确很聪明，不是我自夸，教过汉伟的老师，有好几个说过他特别好教，别人家小孩花了老半天才搞懂的概念，汉伟两三分钟就上手了。我把老师的话转达给丈夫，他听了很得意，说日后要把儿子送到国外念书，学成后要接他的事业。到后来，曾经被寄予厚望的小孩考进一所三流高中。

怎——么——想——都——令——人——很——难——受——吧。

问题到底是出在谁身上？不可能是汉伟啊，他的资质得到多少老师肯定；也不可能是我，我这么尽心地栽培汉伟，不像那些把小孩生出来之后，任小孩自生自灭的失职父母啊！想来想去，不免觉得悲哀，学校的环境是我唯一不能控制的，我的孩子被学校给毁了。

我再也不相信学校的老师了，他们成天敷衍了事，没有多为家长服务的热忱。我找家教，并且告诉中介社，我要指定用心、尽责的老师，不要那种领钱了事的。因此，我和汉伟认识了你和颜老师。我曾对于两个老师都是女的有些介意，但长期看下来，有些释怀。女老师多一点母性，愿意拨冗照顾学生的情绪。颜老师自己的小孩也大了，她对于如何跟青少年沟通很有一套，你很年轻，脱离学校没太久，汉伟跟你对话没有代沟。

总之，汉伟在你们的陪伴下，一天一天好转，跟我说话的频率增加了，成绩也恢复到了以往的水平，我的好儿子回来了。算命师没有看错，汉伟是人中龙凤。丈夫也暂且放下柬埔寨的工程，打算回台湾休息几个月，我好开心，可以喘口气了。

快乐的时间往往很短暂，学校寄来成绩通知单，敲破了我的美梦。

很多人觉得我大惊小怪，汉伟只不过是英文没及格，又不是天要塌下来。

如此的思考逻辑，跟单细胞生物有什么两样？他们没有能力看得更仔细。今日的重点在于，汉伟的段考都考得堪称理想，至少有七十分的水平，可是这位老师给汉伟的日常成绩是零分。

零分代表什么？全盘的否定。

葛老师制定的规则太专制了，这么频繁的小考和作业，她以为学生只有英文这科要读啊？汉伟没有参与小考及作业，这点我无话反驳，但……汉伟的段考是全班前几名，难道不足以证明他具备这学科应有的能力吗？

葛老师不是不知道，汉伟以前是多么叛逆的学生，他正在努力回归学校的团体生活，成绩也有了很大的起色。汉伟的事情特殊，一体适用的规则不适合他。

让我失望的是，那半年我经常打电话给葛老师，强调汉伟很特殊，他正在进步、好转，需要老师多加包容，请尽量以鼓励代替苛责。葛老师通常敷衍我几分钟，急着挂断电话，也不跟我谈一下汉伟拒绝小考、不交作业的事，学期结束径自让汉伟不及格，这不是很恶劣吗？

老师，你也看到葛老师那天的姿态了吧，多典型的职业傲慢啊！

看她胸有成竹地为自己抗辩，我都要晕倒了，这样的老师有资格为人师表吗？

我很失望，对于葛老师很失望，对于学校很失望。我打听过葛老师，名校毕业，教学有一定的水平，是校长口中"英文科第一把交椅"。听起来很光鲜亮丽吧？才不是——他们忽略了一件事：葛老师没有结婚生子，她无法感受家长的心境。

小孩一天在学校至少待上八小时，他们有不少人格特质的形塑是在学校完成的，既然学校带给小孩的影响至为重大，担任此一重责大任的老师，最好也是个家长，如此一来，他在教学上才会跟家长产生共鸣，能掌握家长要的东西，不会做出太不合常理的判断。

葛老师是新时代的人，在老师一职上，我想她不太及格。

汉伟不愿去补考，我无能为力，也懒得说他了，我姐姐说汉伟救不回来了，要我把注意力转移到两个女儿身上，她们还小，现在介入不嫌晚。

不久前，我接到一通电话，对方说汉伟引诱她的女儿，除非赔钱和解，否则他们铁定会把我们告到法院。排山倒海的厌恶感涌了上来，我在汉伟面前失控了，差点想把他推去撞墙，为什么一再让妈妈绝望呢？乖乖成为一个品学兼优的好孩子很难吗？毁掉妈妈让你很得意吗?

即将动手的前一刻,我还是舍不得,我停下一切动作,走回房间。

老师,不好意思,从明天起你不用来了,汉伟要去美国念书了。

汉伟的姑姑嫁去美国,跟年纪大了近一轮的丈夫住在加州,两人生不出小孩,过着自在却也有点无聊的生活。她很同情汉伟的处境,主动提出可以帮我们照顾汉伟。

我现在不适合看到汉伟,一看到他就心烦,太多情绪了。这几天,我整理家里的照片,有一张我不敢看第二次。那是汉伟小学六年级的时候,我去参加他的运动会,买了比萨和炸鸡犒赏他的同学。他的同学和班主任怂恿他抱着我,快门按下时,我也抱紧他,画面中,我们都笑着。

葛老师说

你现在方便接电话吗?你在家里啊,这样很好,既然你人不在外面,待会儿说起话来自在多了。收到你的短信,我很意外。原本想也回短信好了,想了一整个晚上,要讲的实在太多了,不知从何下手,打电话省事很多,希望没有造成你的困扰。

在我们切入正题之前,我先打个岔问个问题:"王牌教师",

蔡汉伟在你面前，真是这样称呼我的吗？是真的啊？好吧。我先承认，我很意外，我以为他会发明一些……你懂的，就是比较下流的叫法。很抱歉，老师当久了，难免会把学生想得邪恶一些。

我的手机号码是蔡汉伟给你的吧？说来可悲，这年头，老师的隐私像是公园的草皮，任由来公园玩耍的家长及小孩践踏。我最初踏入教职时，手机尚未发明，家长的来电不接也无妨，说自己在外用餐即可。手机一问世，唉，这玩意的发明，对世人而言是福音，对我来说却是避之唯恐不及的噩梦。有了手机之后，家长对于"实时联络到老师"的执念膨胀得非常可怕，现在，一旦漏接家长的来电，家长的抱怨便随之而来："老师要记得常看手机啊！"

通信软件还一个接一个推出，有完没完啊……

教师的工时，远比外界所知的长上许多，离开校园，脱下拘谨的套装，摘掉严肃的面具，仍无法成功地从"老师"的角色中抽离。说穿了……是家长们不让老师出戏啊。

家长们最常误解的一件事情是：小孩是他们生活的全部，但对老师而言，小孩没有那么重要。对大部分的老师而言，教育学生是工作的一个环节，过程中所衍生的师生情谊是附加价值，有了要知足，没有也别谩骂，师生情谊从来不是教育的元素，坏的先例也不是没有。

直白一点说好了，在我下班后，一点也不想听到"蔡汉伟"

三个字，包括其他任何学生的名字，我只想回归私生活，卸妆，打开微波好的餐盒，把全身的骨头交给沙发。比起学生此刻过得怎样，我更关心韩剧今天会播出几个小时。我下班了，下班有下班的生活。

这样的自白传入家长的耳里，会招致怎样的评价呢？

用膝盖想也知道，他们会说："这老师太没心了。"

这样的想法未免太自大了吧。难道老师的心是为了学生而存在的吗？

我现在所说的情境，你应该很能感同身受吧？让我们打开天窗说亮话吧，你是蔡汉伟的家教——我没猜错吧？那天，蔡汉伟的母亲介绍说你是蔡汉伟的表姐，自愿给蔡汉伟辅导课业。或许是同为教育工作者的缘故吧，我很快想到你其实是蔡汉伟的家教。

"蔡汉伟的妈妈给他请了两个学历很高的家教"，这件事拜蔡汉伟的大力宣传所赐，在班上已不是新闻了。

蔡汉伟是个矛盾的孩子。

身为老师，立场中立是职业道德所需，但老实说，我不太喜欢蔡汉伟，近乎讨厌的程度。他太自以为是了，动不动摆出一副清高的姿态。表面上他很渴望交朋友，私底下才不是这样，在蔡汉伟眼中，其他人都不如他聪明，想事情也没有他深入，他交朋友是勉强凑合，是委屈自己去跟一群笨蛋共处——先别急着反对我的说辞，我之所以这样说，并非个人臆测，而是有根据的。

在我教蔡汉伟的第一个月，注意到他跟班级格格不入，出于一种老师的使命感，我暗中请几位与我友好的学生，拨些时间关怀一下蔡同学。

几天下来，那些学生带回令人意想不到的成果。

"以前认为蔡汉伟很可怜，没人理他。好不容易鼓起勇气找他讲话，可是……没讲几句就想闪人了。蔡汉伟超级自恋，话题一直围绕在自己身上，我想说话，他又拼命插嘴打断我。感觉他一点也不在意我的想法，我不想再跟他说话了。"一个同学说。

"蔡汉伟很爱重复他小学六年级、初中的往事，第一次听会为他难过，直到第二次、第三次……我有点受不了了，蔡汉伟是不是沉浸在自己是悲剧小英雄的幻想之中啊？对不起，可能辜负了老师的期待，但我也一样不会再找他了。"另一个同学补充。

"蔡汉伟好像不记得我了，我跟他读同一所小学，就在他的隔壁班，我一个好友是他的同班同学，我听过不少他的事。当年，他被同学不小心推去撞墙的事闹得轰轰烈烈，同年级的学生无人不知。前天，我稍微跟他聊了一下，他虽然没有外界所传闻的那么自闭……但也好不到哪里去。蔡汉伟说他在小学五年级以前是校园风云人物，我吓了一跳，不是这样吧？就我所知，蔡汉伟在小学成绩的确很好，交际技巧却很烂，说话不经大脑，一天到晚得罪别人，在班上的名声很臭……他到底是从哪一点认定自己是风云人物的啊？"

学生的反馈让我思考了好久，我想得太直观了。

我以为蔡汉伟的问题出在他的母亲身上,看来我也没逃过刻板印象的制约。

*

接下这个班级时,先前教蔡汉伟数学的叶老师提醒我要明哲保身,蔡汉伟的父母是传说中的直升机家长。当初他要挂掉蔡汉伟的数学,蔡汉伟的母亲先打电话与他斡旋了半小时,见他迟迟不肯让步,就与蔡汉伟的父亲开车直驱学校,看叶老师还在上课,两人双手抱胸,等在门外。叶老师吓到了,只好把蔡汉伟的分数往上调了两分,让他不用补考。

我跟叶老师不同,我不是那种会轻易妥协的人。第一堂课,我就跟学生开宗明义,小考好好作答,作业按期上交,老师不会在分数上委屈你们。公布规则的当下,我刻意往蔡汉伟的方向多看了两秒,他也看着我,我以为我们无形中达成了共识,他会乖乖的。

曾经这样想的我实在愚蠢至极。

蔡汉伟缺席了每一次的晨考,也不交任何作业。学期末将近,我暗示他好几次,请按照规则走,为了顾全他的面子,我是私底下说的。

蔡汉伟只是嬉皮笑脸地敷衍我:"会改啦,下次作业我拼拼看,老师不要那么紧张嘛。"

有同学说，蔡汉伟每个早自习都躲在厕所里看色情片，听说他的母亲管得很严，蔡汉伟在家中没有色情片可看，只好趁着早自习，借同学的网络下载色情片到自己的手机。青春期的男生对于性或多或少会产生好奇心，我能体会。我很困扰，蔡汉伟不考试、不交作业，无疑是在全班面前甩我一个巴掌，表明他不把我放在眼里。

挣扎许久后，我下定决心，非给他的日常成绩画上零分不可。

我太小看同事的警告了，蔡汉伟的母亲简直是神经病。我没想过天底下有这种父母，可以为了小孩的成绩，甘愿在众人面前又哭又笑，极尽煽情之能事地演出。我更没有想过，她会对我吐出那些诅咒。小孩的成绩有这么伟大吗，伟大到可以把老师的尊严踩在地上？

你那时的脸色看起来很苍白，你也吓了一跳，对吧？

我要辞职了。

官方说法是要返乡照顾罹患癌症的母亲，实情则单纯许多：我累了。你可以拿我们的对话内容去向蔡汉伟的母亲告密，我不怕。一旦我从老师的身份中走出去，蔡汉伟的母亲也不再是家长了，一个神经质的中年妇女，我怕她什么？

从小，我是父母的掌上明珠，他们在我身上投注了不少教育资源。大学联考，我的分数可以同时被法律系及外文系录取。填志愿那晚，母亲诚恳地请求我把法律系填在前面，她认为当老师是低估了我的能力，我太自信了，竟一意孤行，把母亲的意见抛诸脑后。

毕业不久，我考取了这所私校的教职，我带班、教学都很认真，校长时常看着我，满意地微笑，说："你是我们这所学校的镇校之宝，你来了之后，学生反应极佳，家长也很喜欢你。"

为了报答校长的伯乐之恩，我把所有心思奉献给工作。为此，我疲倦得没有多余的体力谈恋爱，母亲给我安排了好几场相亲，我因为学生的事而放对方鸽子的次数不可胜数。

有一天，我跟母亲说，不要再给我规划婚事了，我的日子很好，桌上挂满了学生写给我的感谢卡，每年寒暑假，学生像候鸟一样，回到我的身边，叽叽喳喳分享升上大学的点滴。

学生就是我的孩子。

如今我很后悔。

担任老师十几年，即将辞职，不免有回首观照的心境。我必须说，母亲的话对了一半。对的部分是，我应该填法律系；错的部分在于母亲说反了，当老师，不是低估我的能力，相反，是太高估我的能力了。以现今风气对于老师的标准来看，我是百分之百的不及格。

老师的职业需求，除了专业的授业能力、协助提升学生的学业成绩外，还得照顾学生的心理健康，关心他们的家庭情况，建立好家长与学校间良好的沟通桥梁，等等，其中任何一个环节出了差池，庞大的责任立即会压下来。

少子化所衍生的负面效应，一般人往往从世代更替、抚养比的角度出发，在我看来，他们少提了一个很重要的层面：少子化制造出一对自以为是的学生与刁钻的家长。

因为只生一两个，家长习惯将家中所有资源抳注在孩子身上，把小孩宠得无法无天。这么说可能会让很多家长感到不悦，但我的个人观点是，养小孩跟投资很像，今天你把所有的鸡蛋放在同一个篮子里，对这次投资的得失心不免会非常可观。

简单来说，家长们开始把小孩放在很优先的位置。

这样说很笼统，我举个例子。学生间起了龃龉，又得不到共识的前提下，我们会请双方的家长前来学校说明。从前，家长一到场，不外乎先压着自家孩子小小的脑袋瓜，鞠躬致歉："对不起，是我家小孩的错，我们家没管好，给您造成困扰非常抱歉。"

我个人很偏好这种"不问是非，先道歉再说"的解决方式，省时省力。可惜该方式在过去几年间被抨击得很惨烈，说会混淆小孩的价值观，教出低自尊的小孩。

于是，以保护小孩为出发点，新一代的父母演化出截然不同的面貌。

"是你的小孩带坏了我的儿子！我儿子这么乖巧，怎么可能会主动去欺负别人？"

"你有证据说是我儿子先推你女儿的吗？搞不好是你女儿先挑衅的啊！"

有时双方僵持不下，下一秒炮口一致，把过错推到老师身上，说老师监督不周。

家长跟老师之间如从前一样和睦的互动不复存在了。

从前，家长们对于老师多半是心怀感恩，谢谢老师对学生的付出。现代家长这么想的很少，他们一再扩张老师的责任义务，把老师额外的付出视为理所当然，老师们偶尔松懈了、失控了，就准备接受一连串的抗议吧。这不是最惨的，最惨的是被告到法院。

坚守原则的老师——绝种，反观那些绞尽脑汁去迎合、巴结家长的老师顺遂地增加。家长说要考试，老师增加考试频率；家长嫌老师补充资料太少，老师连忙印制一沓讲义，也不问学生是否可以吸收。想想不由得觉得可悲，接受教育的对象是学生，照理说，老师的教法该以学生为导向吧，怎么会是家长呢？

更有不少家长把学校教育当作饭店的自助餐，可以满足他们所有的心愿。

这样想真是笑死人了。

学校教育有如营养午餐，大部分的人负担得起的价位，不会太精致可口，也不至于难吃到哪里去，不想吃的学生请额外花钱去学校商店解决。换句话说，一套规则，一定有你家小孩占上风的场面，也一定有风向不对的日子，这才是学校教育，想吃高级自助餐的人请找家教、补习班或者更小班、更贵的私校定制——

那不是我的领域，先不多言了。

好奇怪，你是蔡汉伟的家教，在某种程度上我们是对立的，我在不知不觉间，也对你吐露出这么多心事，或许是积怨已深，不吐不快吧。

*

能够同蔡妈妈这样的家长长期相处，真是辛苦你了，不讳言，我有点同情你。像她这样的家长，这几年只会多不会少。

蔡妈妈常以"模范母亲"自居，一副为儿子南征北讨的好妈妈形象。她真的爱她的小孩吗？这点，我不清楚你是怎么想的，我提出我的一点想法，你不妨听听看。在我眼中，蔡汉伟的母亲是很可怕的，她根本就在用尽心机把自己的儿子送入深渊。

她时常打电话来对我训话，指摘我对蔡汉伟的关注太少了，她说，只要我对她儿子释放出多一点善意，久而久之他就会被我的诚意打动。

殊不知，每一次她打电话骚扰我，无形中也在加深我对蔡汉伟的憎恶。我在心中幻想过好几百万次，在全班面前冲着蔡汉伟咆哮："管一下你妈的嘴巴好吗？！"

我觉得自己好像怪怪的。

去年，日本有六百多位中小学老师因患上精神疾病而辞职。看到《产经新闻》的这则报道时，我仿佛看见自己的倒影。每一天,按掉闹钟,从床上爬起来,一边用梳子分开纠结的头发,一边问自己:"我还要忍耐多久?"不瞒你说,近日,我已疲乏到光是看到蔡汉伟他妈的电话号码,就恨不得把手机摔向墙壁。我的良心告诉我,我的身心状态已不适合当老师了。

对了,我听说了蔡汉伟跟隔壁班女生的绯闻,有学生跑来跟我告密,说女方曾沾沾自喜地向同学炫耀,他们已经有过亲密接触。

那个女生看起来很文静,我以为她只是不喜欢读书而已,没想到她会讲出这种话。

现在的小孩,天真无邪的面孔下到底包藏着怎样的想法,你永远不知道。他们深谙自己是稀有资产,要么装可怜,要么放胆对父母予取予求,蔡汉伟不正是一个例子?口头上嚷嚷着自己的父母多可恶,伸手要零花钱时却毫不手软啊。

掰指算来,我当老师快二十年了,虽然称不上专家,但至少对这个行业的实际生态自认有说话的立场。学校老师这个职业的前景,差不多死透了。你以为,蔡汉伟母亲的行为模式是最可怕的吗?对其他老师而言可能是,但我认为,蔡汉伟的母亲勉强还算合格,毕竟,比她失格的父母大有人在。

你当家教的,也见识过这种家长吧:把自己的小孩打包成一团,丢给外人。满两岁丢给幼儿班,大一点丢给幼儿园,之后换成小学,小学很早就放学怎么办?别慌,有安亲班[1]。进入青春期,怕小孩会利用闲暇时间做坏事,便往补习班送。此类家长似乎很害怕和自己的孩子单独相处,急着把小孩的时段切割成好几块,安插不同的活动,每个活动有不同的外包负责人。基本上,他们表现出来的立场,即寒暑假带小孩旅游一趟,定期缴纳儿女的学杂支出和补习费用,手头尚宽的话,再负担一两项才艺项目,便尽了为人父母的责任。之前,有家长跟校方提议,说希望增加课后辅导时长,我很讶异,禁不住想:你们有多么不想看见自己的小孩啊!

我曾相信自己可以做个好老师,结果最后把自己给掏空了。要体察这么多孩子的情绪太困难了,尤其是无论怎么做,总会有一两个人看不过去。再说,关心小孩的心情,究竟谁该负主要责任?我可不是那个出精子或卵子的人,凭什么强迫我付出那么多?

别笑啊,我很认真的。除了领养,很抱歉,我这辈子没有其他做母亲的可能性了。你不同,你还年轻,你可想过,像你这种受过完整教育、有主见的新时代女性,换成母亲的身份之后,真能保持距离,不插手学校老师的工作?不把自己的责任外包给他人?你有多少自信,自己不会变成蔡汉伟的妈妈那样?

再有两个月,我就要离开这所学校,逃开"老师"的身份

---

[1] 是指孩子课外的托管班,因有助于减轻家长接送孩子、辅导孩子写作业的负担,所以被称为"安亲班"。

了。可以想见,不少家长将批评我"不负责任",没有尽责地把手上的班级带到高三。

可是,这一次,我不想管了。负责任也好,不负责任也好,我要回去当普通人了。

第 9 个家
高才生的独白

"和母亲将近第一百次的和解失败时,我决定宽恕自己,和解或许可行,但不是现在。"

Monologue of love and hate

前言：

这篇的女主角不是学生，是我深交五六年的好友。

书写到一半时，我跟她提起正在写学生的故事，有些埋怨地跟她说道："你的存在多少动摇了我的想法。你看，你母亲的教育方式很强势，你的成就却如此杰出。我时常写着写着就想到你，想到你心底难免有些冲突，也许高压教育还是可能见效的？"

朋友没有立即回应，她把手放在嘴唇上，有些讶异的模样。

片刻后，她笑着回答："你怎么会误解我目前的成就是我母亲的功劳呢？我现在可以告诉你，假设我妈采取更柔软、更有弹性的教育理念，我的发展很可能比现在更好。"

她是个大方的人，花了很长一段时间，细心缜密地把她的过去交给了我。我走进她的生命，每踩一步就惊叹不已。待我走到尽头，故事也差不多完成了。

希望我的描述有她言语一半的细腻与大方。

以世俗的眼光来看，我是个很成功的小孩。十五岁考上第一志愿高中，而我的数学成绩经常是全校前三名。十八岁时，我考进台湾大学的热门科系。满二十岁不久，我在一场知名的比赛中拿下亮眼的成绩，这项成绩给我的个人经历添加了不少光彩，之后我申请国外大学很顺利，收到不少知名大学的入学许可。

我的求学过程引来媒体的兴趣，在准备出国的暑假，我与母亲一同接受了几家媒体的采访。几天后，新闻稿陆续出来了，我忐忑地读着，记者对我的形容真是美不胜收，美得我不禁怀疑他们笔下的人真的是我吗？另一个更奇妙的想象浮上脑海：此时此刻，会不会有一位母亲或者父亲，也像我的母亲那样，轻手轻脚地剪下这则报道，用荧光笔标示出值得参考的学习方法，左手食指放在我的照片上，右手摸着他们小孩柔软的头发，跟他们说，"要向这位大姐姐学习哦"？

如果我说，请不要这样做，各位家长会有什么反应呢？

我想说的是，每个人，在此我是说小孩，都是独一无二的。

我的母亲，自小就很热衷于阅读伟人传记，她很聪明，学业表现也很优异。像母亲这样优秀的女性，自然会对自己的人生充满抱负，只是，在工作与婚姻的两难上，她顺从社会的期待选择了后者，为了配合我父亲的工作方式，我妈最终挑了一个稳定却几乎没有挑战性的工作，这多少辜负了她辛苦得来的硕士学历。我的母亲不曾对这样的抉择明确表示过后悔，但她在谈吐间仍透露出一些端倪，例如她在叙述自己的人生时，多半聚焦在结婚生子之前的阶段，她是如何孜孜矻矻，如何挤进全校的前十名，如何找到众人欣羡的工作，等等。母亲这时的手势繁复且华丽，她言语架构出的世界，步调紧凑且充满冒险。

等故事进行到她与我爸结婚之后，母亲的叙事态度变得很平稳，甚至有些呆板、无趣，因为，后半段的主角冷不防地变成了我和妹妹，故事的轴心成了我们。这是我母亲的故事，她反而退居幕后把舞台让了出来，屏气凝神地看着我和妹妹在上面演出。这或许就是所有问题的根源：我母亲从自己的人生舞台走了下去，把我和妹妹推上场。

*

故事要从永远算不完的数学习题说起。

父母在管教小孩时，有一个很简单的出发点：不希望小孩重蹈自己的覆辙。以我母亲的背景来说，在她接受教育时，所有科目的分数都十分理想，唯独数学一科始终差强人意。为此，她花了更多时间苦读，投资回报率却很低，联考成绩出来，数学一科把整体平均成绩拉低了不少，她与台大擦肩而过。这算是母亲求学史上最大一次的滑铁卢。

即使之后她在大学认识了父亲，顺利地跟父亲出国念书，拿到了语言相关的硕士学位，她仍旧无法忘怀联考时数学失败的经历。因此，在我这个大女儿出生前后，母亲拟定了一套很系统的学习模式。她的出发点很好理解：只要我比一般的小孩更早接触数学，耳濡目染之下，绝对会有很出色的成效。

我还很小，还无法顺利抓握物体的时候，母亲已尝试教我简单的加减原理，素材可能是随处可见的纸花与糖果，或者是散步沿途的行道树与小鸟。这种活泼的方式很吸引人，我很快便理解了加减的规则，在我进入幼儿园时，对三四位数的加减已经驾轻就熟。母亲并不满足，很快她提高了难度，进入乘除和四则运算，生活化的教材不再容易寻找，母亲从坊间买来她认为"很有趣"的数学习题，先把题目浏览一遍，勾选出她觉得有价值的题型给我练习。对五六岁的我而言，这部分的学习有点难度，我混淆了一些符码的意义，出错的概率也越来越高，母亲从来不掩饰她的失落与沮丧。相反地，如果我答对的概率很高，母亲也不吝于绽放微笑，拍拍我的肩膀，赞许我的聪颖。

母亲两极化的反应，让我成了一个非常好胜、得失心很重的人；此外，为了和喜怒无常的母亲相处，我变得很敏感、很擅长察言观色。这些人格特质的好坏，长大后很难分说，但对一个不到十岁的孩童而言，我觉得太沉重了。

进入小学之后，我立即展现出运算方面的优势，看到同侪被简单的数学习题难倒，我很讶异，也终于正视到自己在数学这一科的确领先他人不少。我的心中充满矛盾与冲突，有时，我埋怨母亲分派的功课太繁重，有时，我又感谢母亲的先见之明。

因为我其他学科的表现不是很突出，数学一科是我成就感的主要来源，久而久之，我发自内心地喜欢上这个科目，会自己安排更高阶的题目。母亲很满意我的主动，日子久了，她对数学这一科的干预也少了。

但这不代表她将松绑对我的规划，母亲为我开辟了第二个战场：英文。

母亲的英文非常流利，她天生语感就好，又在美国拿到语言相关的硕士学位。母亲相信，只要在英、数这两科拿下顶尖的成绩，在台湾的教育体系下就能无往不胜。因此，在既定的数学习题之外，我的每日例行事项又多了背单词和阅读英文小说。

很遗憾，我没有遗传到母亲的语感，第一千个单词还算简单，我很快地背熟了，进入第两千个、第三千个单词后，我的进度有些停滞。英文是母亲颇有心得的领域，她在这方面的要求当然更严苛，我的数学不劳她操心，她便盯着我的英文。我越是心急，就忘得越快。

随着年级往上升，母亲"见贤思齐"的心态也跟着升级。只要我身边出现了很会读书的小孩，她就会急着去请教那位同学父母的教育方针，并且迫不及待地在我身上实施。母亲在翻阅报章杂志时，花最多心力阅读的无非是教育一栏，她会找一些参与数学、英文竞赛获取高分的报道，剪下来，注记他们获取高分的关键，要我读那些重点。确定我看完之后，她会很慎重地问我："看完这篇文章，你有什么心得？找出你在背单词时犯的错误了吗？""现在，你知道你计算的数学习题不算多了吧？比你认真的人多得是！"

母亲想用他人的例子来激励我。

然而，在当时的我听来，这些话语都在讲同一件事：我不够好。

我小学四五年级时，发生了一起很经典的事件。姑姑和姑丈因公得出国一个月，他们把小表妹带来我们家，请我们帮忙照顾。我跟表妹不算熟稔，年纪相近，倒也很快地玩在一处。那时，我妈抱回好几本英语题目，想要检验我的程度。有一天，我妈下班回来批改我的考卷，那回的试卷有我比较不擅长的助动词，我犯了一个很基本的错误，还一犯再犯。母亲脸色沉了下来，叫来电视前的小表妹，把铅笔交给她，要她写写这些题目。

小表妹迟疑了一下，看了我一眼，但在我母亲有些紧迫的注视下，她硬着头皮回答那些题目。小表妹在补习班补英文，几分钟后，她交出自己的答案。

母亲上下浏览了一会儿，神色更难看了，她转向我，音量高起来，当着小表妹的面，把我从头到脚数落一顿："你看，人家表妹小你一岁，花的时间比你短，错得比你少，你在做题目时，认真想过我之前教过的语法吗？你是不是在敷衍了事？"

小表妹没有看我，双手抓紧自己的裙子。

我垂下头，一股不快的情绪在胸中扩散。

一条鸿沟在我与小表妹之间形成，她找我玩，我冷冰冰地回应，几次下来，她似乎理解了什么，转身投向电视，不再找我说话了。我以为自己会很高兴，然而并没有，我反倒更厌恶自己。姑姑来接小表妹的那一天，她站在玄关，转过身来，有些紧张地伸手跟我道别。

至于我的回应呢？我忘了。

小表妹之后的发展和我有些类似，一路念着第一志愿，大学甫毕业，拿着丰厚的奖学金继续读硕士。这代表什么呢？代表我与她均非常出色，我们都是好孩子，没有相互比较的必要。但在我们很小的年纪，我的母亲把我们放进同一个笼子里，宣布只有一个人可以走出来，小表妹走了出去，我却被留在笼子里。这件事情伤我很深，近二十年了，我还可以清晰地描绘出，在被母亲斥责的当下，我与表妹的视线在空中短暂地交会了一秒。

她看我的眼神带着同情。

*

小学毕业后，我进入某初中的数学实验班就读，之所以称为实验班，是为了回避能力分班的争议。实验班里人才济济，我的排名不如小学时顶尖。这是我第一次发现自己的渺小。我有些紧张，我妈也是，她对我名次的得失心加剧了。不分大考小考，母亲从我的书包里翻出每一张英文与数学的考卷，很有耐心地追问我："班上平均是几分？""最高分是多少？""比你高分的有几个人？""你想过为什么这次会退步吗？"假使人生是一部字典，让母亲挑出她最热爱的两个字眼，我想很可能是"检讨"与"进步"。

母亲很擅长给小孩描画一个美丽的蓝图，内容不一而足，可能是在几岁要考过全民英检中高级，数学竞赛要在校内取得怎样的名次，考进哪一所顶尖大学，或是从事某个光鲜亮丽的职业，等等。为了确保我正在往这个方向前进，她研拟出一系列的待办事项。母亲不是没有开过商量的大门，但我很少成功地改变她的想法，百分之九十九的情形是，我深受母亲所描绘的美好蓝图吸引，也相信那是对我最好的安排。

这也是事情演变到最后越来越复杂的原因，我也被说服了，接受了母亲的说法，既然我这个当事者毫无挣扎的迹象，旁观的他人当然不会自讨没趣地跳出来，质疑这些安排的合理性。

认真说来，顺从从来不是母亲最渴望的亲子关系，但一旦我们表现出顺从的姿态，她的表情会很和悦，我和妹妹也能避掉抗拒所带来的冗长的唠叨。长期演变下来，顺从成了我和妹妹最明智的选择。面对母亲不断膨胀的美好蓝图，我们不再细想，点头说好。

母亲渐渐觉得她是对的，所有逸脱计划的事物都是不合理的、对小孩有害的。

母亲不止一次表明，她不喜欢虎妈那套高压教育的方法，那会损及小孩的独立与自主。母亲想成为开明的母亲。不过，她在不知不觉中，也走上了类似虎妈的路。

最鲜明的例子就是初二那年，学校举办了一个"阅读与写作"工作坊。我的语文向来很差，对于中文阅读与写作也毫无热忱，但我的好友和我心仪的男生都参加了。晚餐时，我向母亲表明自己想参加这个工作坊。

母亲听了，眉头皱起来，很明白地告诉我："你不需要参加这个工作坊，语文这科不重要。再说这个工作坊会占去你三天时间，你这三天的数学和英文进度怎么办？"

我再度游说，跟母亲介绍这个工作坊的师资多么难得、课程的规划多么鲜活，说到最后我的口吻几乎是哀求了。

母亲没再理睬我，转头去和父亲说话。

我拿不到报名费，报名截至当天，我只得把申请单揉成一团，丢进垃圾桶。

相同的情况也出现在高中。我就读的高中，留校晚自习的风气很盛行。升上高三后，我跟母亲沟通，放学后想留在学校读书。母亲不假思索地否决了这个提议，她很坚定地告诉我："你在学校坐了一整天，上了八堂课，已经耗去不少精力，晚自习只有一个小时的用餐和休息时间，根本不能放松，接着读下去也没有效率。不如回家优哉地吃顿晚餐，睡个三十分钟再读书。"

我跟母亲说："有很多人留下晚自习，一起读书的氛围似乎不错。"

母亲回说："你没有考虑到自己的身体状况，我说过了，晚自习不适合你。再说，这么多人留下晚自习，教官只是偶尔巡逻一下，你们一群人难道不会聊天、分心吗？家里这么安静，又是你的家，我搞不懂，你何苦要舍弃这么良好的读书环境？"

我还想再多说些什么，母亲又说："别说了，这件事就这么定了。"

在母亲心目中，一个决定的做出，只要小孩子发表过意见，做父母的就符合"民主"的条件了。这同时也暗示了一个危险，母亲认为她不必认真聆听孩子的意见。

母亲有一点说错了，家里并不安静，还很吵。

我准备考大学那年，父母之间的关系因为对妹妹的教育理念发生歧异而降到了冰点，每个晚上，我在书房挑灯夜战，他们刻意压低的争执声一而再，再而三地飘过来，我被干扰得无法专心。

有一天，他们结束了龃龉，将近八点时，母亲宣布开饭。

我放下书本，前往饭厅。为了缓和餐桌上紧张的气氛，我发起一个话题："我最近整体成绩提升了，因为花了一点时间练习作文，语文就进步了。"

我妈瞄了我一眼，嘴角挂上她擅长的冷笑："语文是一点也不重要的科目啊，不是吗？"

她没看着我，是以没发现我脸上凝结的笑容。

母亲一边咀嚼饭菜，一边含糊地说："我劝你不要再浪费时间了，与其练习作文那种轻易就能上手的东西，不如检讨一下你的英文写作，你的英文作文不是始终卡在十六分上不去吗？还有，你的数学也不能大意，别忘了，你跟别人不一样，别人但求个七八十分，你至少得拿个九十分、九十五分，才不枉费我自小到大对你的栽培。"

母亲越说越起劲，我体内的一条线也绷得越来越紧。

她的长篇大论进行了二十分钟，或者三十分钟，"啪啦"一声，那条线断了。

我站起身来，话语一串串争先恐后地从嘴巴里蹿出来："你可不可以收敛一下啊，大事小事，只要稍微不顺你的心，你非得拿来说不可。我语文作文进步，给个赞美很难吗？这也能牵扯到我的英文作文和数学，你的控制欲真的很恐怖。你老是跟别人说你是个很开明的母亲，你真的是吗？我很怀疑。我倒觉得班长的母亲比你开明多了，不论班长有什么意见，人家母亲都尽量给予尊重。我很羡慕班长，他有一个真正开明的母亲。"

这席话似乎启动了母亲内心世界中一个不知名的按钮，她的脸上浮现出我从未见过的惊骇，几秒后，她恢复沉着，不疾不徐地说道："那你知道其他家长在小孩不乖时，是如何用拳脚教训他们的吗?我没有打你,凡事努力跟你讲道理,你有什么想法,我也不是不听,我那么用心在关注你的学习情况,你可别不知感恩。班长?他的事你实际了解多少?说不定人家的父母根本没在教,你不懂,还把事情美化成'对小孩的尊重',不觉得好笑吗?"

根据过去我跟母亲来往的习惯,此时我会闭嘴,放弃挣扎。

但那天很奇怪的,我怎么也管不住自己的嘴巴。

"你以为没有对小孩动手动脚就是好父母了?非得身上、脸上有个瘀青伤痕什么的,才能代表小孩受伤了吗?你真是自以为是,你以为你对我的诸多控制,不算是伤害吗?"

"看来,我不打你,你还真会忘记自己是多么身在福中不知福。"

母亲站起身来,往厨房走去,她再次出现在我眼前时,手上多了一根棍子。

那根棍子好久不见了,我以为母亲早已丢了。

棍子朝我飞了过来,我接住了棍子,同时,下意识地朝母亲挥出一巴掌,但在场面即将失控的瞬间,我以残存的理性缩回了手,只是指甲擦到了母亲的脸。

母亲愣住了。

我也愣住了。

我看着自己的手,仿佛这是他人的手。

"你居然想打我。"母亲抚着脸颊,一脸不可置信地瞪着我。

我看着她,心中浮现一丝罪恶感,但与罪恶感一起出现的,是解脱。

我终于反击了。我不后悔,心底分外雪亮,我跟母亲迟早会走到这一步的。

母亲流下眼泪,看着我说:"你让我好心寒。"

目睹整个过程的父亲冷不防地冲上前来,甩了我一巴掌,要我向母亲道歉。

我一点也不意外,这是父亲标准的作风。

现在,我想花点篇幅来说说我的父亲。

我的父亲人很好,他具备许多值得称道的人格特质,诸如诚恳、随和、老实、孝顺及埋头苦干,等等。我的祖父母对这个儿子赞不绝口,与父亲共事过的同事会说他是令人愉快的合作伙伴。但我的父亲有个小小的缺点:他很厌恶处理他人的情绪。

偏偏他又娶了一个聪明美丽,却也非常情绪化的女人。

每逢母亲陷入顾影自怜的情绪之中,父亲一贯采取的策略是防堵。他给母亲所有她想要的,借此来平抚母亲的不满。父亲最常告诫我们姐妹的,绝不是什么做人的大道理,而是"我出门工作了,要乖,听你妈的话,别惹她生气"。

父亲的纵容养大了母亲的脾气,在某种程度上,母亲像是个小孩,她非得到她想要的东西不可。现在,她要我的服从,我不给,父亲只好跳出来,甩我一巴掌,要我交出我的服从。

最圆满的结局该是我识相地跟母亲道歉,但我没有,我走入房间，摔上门。

有一个角色，从头到尾都没吭声，就是我妹。

那日过后，我跟母亲没再说话，前后有两三个月，我们的对话始终停留在日常庶务上。

大考前一个星期，我反复地发烧、退烧，考期越近，身体的毛病越多。考前第三天，我在学校险些昏厥过去，校医把我送去急诊，并请母亲直接在医院跟我会合。

我接受了抽血检验，医生说，我的白细胞数值很不寻常，必须静养二到三天。

闻言，母亲一把将我搂入怀里，激动得哭了起来。

考试当天，母亲跟随我和父亲走到地下室，坐在副驾驶的位置上。

以我跟她的默契，这就是示好的象征了。

和好不久，母亲又故态复萌，只要我稍微冷落她的情绪，她就会吐出伤人的话语。"你真是我见过最自私的人。""祈祷你的友人没有发觉你的本性。""没有我的栽培，你觉得凭你自己的实力，有办法考出这么优异的成绩吗？"

我又频繁地做起噩梦，梦境很一致，我和母亲起了争执，我再次对她伸出拳脚；母亲满脸绝望地注视着我，而我在梦中不停地向她道歉。

醒来时我往往泪流满面。

我不禁想念起冷战的时刻，那时，我是自由的。

*

现在，故事的第二主角——我妹要出现了。

鉴于我在小学即立下显赫的战功，母亲不假思索，完全比照教育我的方式，给她设计了一系列的补充教育。母亲很乐观，她坚信自己可以复制出第二个成功的小孩，甚至更好。

我妹与我，无论是在外表、个性还是天赋上，均有天壤之别。

她活泼、好动，我则内向、文静。

我可以忍受整个下午蹲在书桌前只为解出一道数学题。她完全没办法，她太容易被外界的事物吸引，可能是一朵奇形怪状的云、窗外的鸟鸣或是刺耳的喇叭声；你把笔交给她，她不会用来算数学、写单词，她会送给你一张画。我擅长逻辑，我妹则专注在事物的美感上。

我觉得这样没什么不好，世界需要我这种人，也需要我妹那种人。

母亲对妹妹的反应感到彻底的失望。

没错，就是失望，她对我是失望，对我妹是彻底的失望。

母亲用苛刻的言语去攻击妹妹的"不受教"，好几次，母亲出了作业，妹妹不愿意写，索性翻抄答案，在母亲识破妹妹的敷衍时，妹妹会展现出诡异的倔强，不惜捏造出一个比一个天马行空的借口，来正当化、合理化她翻抄答案的行为。

妹妹的闪躲强化了母亲的怒气，母亲把她打得死去活来，她哭得很惨。可是，下一次，她依然翻抄答案，母亲依然把她打得鼻青脸肿。类似的桥段上演了好几次，几乎到了令人厌烦的地步。

我在心底质疑，为什么妹妹不诚实一点，向母亲表明：我就是不想写你出的作业。

有一天，在母亲起落的棍棒中，我看懂了妹妹，她接受的是跟我一样的教育、一样的训诫，她也跟我一样生怕母亲伤心。所以，妹妹宁愿挨揍，也不愿把矛头指向母亲。

我看懂的那一刻，也只是站着，继续看妹妹被打，没有更进一步的行动。

我不敢帮妹妹说话，生怕被波及。

我忘记了一个很基础的道理：人的忍耐是有限度的。

升上大学，搬去住宿舍，跟家人的距离远了。在我着迷于崭新亮丽的大学生活时，妹妹的性格也发生了剧烈的改变。她开始花大量时间打理外表，课业也一落千丈，最后，她瞒着父母一再翻墙逃学，跟新认识的朋友不知上哪里去。

妹妹自小是个美人坯子，上了高中更是出落得美好出众，加上纤秾合度的线条，很快便吸引到一票追求者。妹妹活在一个冷热分明的世界里,她在家中是个饱受母亲讥嘲的苦情角色,到了外头却是众星拱月的风流人物,一群年轻男孩为了得到她的青睐而争风吃醋。

妹妹流连在外的时间越来越长,门禁成了个笑话。

母亲不时向我报告妹妹的异状,我意兴阑珊地听着,一心只想着如何挂断电话。

我很满意自己的大学生活,不愿再分神去想家中的事。

大三升大四那年,我在一场比赛中获得很好的名次,成绩公布后不久,母亲打电话要我回老家一趟,说大舅要请我吃饭,为我庆祝。

席间的对话很愉快,小表妹是个开朗、甜美的小可爱,时常把大人逗得哈哈大笑。她是试管婴儿,夫妇俩将近四十岁才生下这个女儿,他们非常宝贝她。

聚餐进行到一半,舅舅指着我,低头跟小表妹说:"你看,人家姐姐是念台湾最好的大学,去比赛又得到那么厉害的名次,哪像你啊,一听到读书哦,整张脸就皱成一团。"

小表妹拉着舅舅的手腕,发出甜腻的撒娇声:"哎哟,不要一直说成绩的事啦,好烦哦。"

"都不晓得该怎么说她了。"舅妈苦笑道,可她的眼中是满满的宠溺。

"没关系啦,成绩不是最重要的,让小孩开心成长也不错啊。"母亲顺势说道。

这时,一旁的妹妹发出一声嗤笑,声音大到众人想装作没听见都很难。

我的眼角余光瞄向父亲,父亲没说话,低头扒饭,筷子划得飞快。

母亲站起身来给小表妹舀汤,表情有些凝重。

为了化解尴尬,舅舅讲了一个笑话,我和父亲捧场地干笑了几声。

很不幸,妹妹不打算放过大家。

她把碗筷重重地往桌上一放,直视着母亲。

"你平常不是最喜欢说,谁家的小孩成绩那么烂,要我千万不能沦落到那种地步吗?现在,小表妹的成绩糟透了,你竟然没有意见,这不是你的真心话吧?"

众人停止了咀嚼。

"你给我闭嘴。"母亲气得双眼涨红。

妹妹的嘴角扯了扯:"我又没有说错,我说的是实话,是实话为什么我要闭嘴?如果我考出跟小表妹一样的成绩,你有办法接受吗?你一定觉得我的人生要完蛋了吧,怎么可能像现在这样云淡风轻地说'成绩不是最重要的'?"

在那一刻,她的侧脸、她的轮廓、她挥舞双手的姿态,无懈可击地像极了我妈。

我有些忘了这顿晚餐是怎么结束的。

舅舅一家人可能吓得随便找了个借口，匆匆结账告辞了。

看着浑身是刺的妹妹，我既感到陌生，也很愧疚。

我跟父亲没两样，为了安抚母亲的情绪，情愿牺牲妹妹的权益。我常拜托妹妹识相一点，少花点时间在外表，多花些心力念书，尽早把排名拉到好看的数字，好让母亲开心一些。

另外一个更糟糕的心态是，我很庆幸妈妈把大部分注意力集中在妹妹身上，让我能喘口气，多做一些我喜欢的事情。

这场不欢而散的庆功宴，令我对于家庭的无力感更深了。

*

我要去国外读书的那一天，发生了一件很特别的事。

虽说是下午的班机，但我六点多便起床了，环视着自己的书房，回想起这十几年来的点点滴滴。

我在书桌上找到一个信封，里头是一本日历和几张母亲的信。信中母亲写着，我在国外的日子里，应该常常写信给她，并在日历上注记我寄信的日子和寄信当下的心境；同样，她也会在自己那本日历上注记收到信的日子和读信当下的心境。信末，母亲说，待我回国的那天，可以一起玩味这几年来我们母女俩互动的足迹。

我的心为之一沉，浓烈的厌恶感如潮水般一波接一波涌起。

好不容易可以拉开我们的距离，母亲照样可以想出方法来提醒我她庞大、不容忽视的存在。

母亲走进房间,看见我手上握着那封信,绽开微笑。
"如何?这个点子很有趣吧?"
这句话把我拉回了童年。
母亲总是希望我可以读更多书,做更多习题。
为了降低我排斥的可能,她会尝试用比较诙谐的方式去激励我的学习意愿。
以英文为例。
背十个单词,并且尝试把它们组织成一篇文章。
想象自己要取悦一位外国贵宾,必须翻译一则笑话。
用英文玩故事接龙。
之后,母亲总是这么说:"如何,这个点子很有趣吧?"
这样的学习手法固然有趣,但在小孩已经做了很冗长的练习之后,再怎么好玩的游戏也会索然无味,小孩的玩心尽失,只想躺平休息。

母亲没有注意到这一点,仍乐此不疲地设计"她认为有趣"的游戏,为了不让她失望,我会强打起精神,假装这一切很好玩,到了青少年时期,我的演技已炉火纯青到足以角逐奥斯卡了。

我回到现实,告诉自己,我已经二十三岁了,不用再忍耐了。我听见自己的声音冷硬且疏离:"这很没趣、很无聊,我不想参与。你别想再控制我了。"

那一瞬间，母亲的容颜枯萎了。血色飞快地自她的脸上褪去，她僵硬地点了点头，安静地转身离开房间，过程中没有说一句话。她没有因袭过往的模式：哭闹，歇斯底里，编派我的过错，膨胀自己对这个家庭的贡献……她没有，只是离开这个舞台，她的背影看起来是多么孤寂。当她停止大吼、停止用戏剧化的技巧去铺陈她的痛苦时，我反而看到母亲最真实的一面：她很寂寞，她希望我们多重视、多亲近她一些。

我的母亲，将家庭视为她的成果，将两个小孩放在自己生命最亮眼的中心，她泰半的时间与精力，都花在我与妹妹身上，希望我和妹妹成为成功人士，对社会有所贡献。

在这样巨大的善意之下，悲剧很容易随之诞生。

首先，母亲忘掉了她也是个妻子、是个同事、是社会上的一员，甚至是她身为"自己"的身份，她太执着于扮演好"母亲"这个角色，在这个关系中，跟她对话的演员只有我和妹妹。只要我和妹妹的反馈稍微不符合母亲的期待，她的情绪就会低落，然后把这份失望转移到我们身上，我和妹妹的日子好坏完全取决于她个人的阴晴悲喜。

其次，母亲对于"成功"的认知太狭隘了，她定义中的成功，就是在学术上、职业上取得稳定、可供辨识的成就。至于美感、人与人之间的情感、生活中那些琐碎而美好的小事，母亲觉得这些都是次要的，花太多时间就是浪费生命。我幸运一点，一个侧身，侥幸穿过了这么狭隘的缝隙，妹妹惨一些，她跟母亲的标准格格不入，自信心近乎全毁。

母亲在教育女儿的过程中，带给我和妹妹不可计量的伤害，但都无法磨灭一个事实：她很想要把我们给"教好"，她比任何人都热衷做母亲，读了很多亲子教育相关的书，也不吝啬去请教他人。有一点毋庸置疑，她确实是爱着我和妹妹的。

只是她不知道该怎么爱我们——这两个出自她，但又和她不同的生命。

绕了这么大一个弯，可以用不同的观点看我的母亲，经年以来困住我的牢笼应声而开，终于有光透进来，仿佛听到有谁在说："从今天起，你自由了。"

怀抱着仇恨是很累人的，尤其对方是生你的人，这一切将更加磨人。

*

如今，外人看我的眼光仍然满溢着歆羡与崇拜。他们看不见这个家庭底下的暗流，只看见光华灿美的表象。在我和母亲共同出席的场合，有时是母亲，有时是知情的亲戚，总是有意无意地提起我的成就、我获得的奖项以及我申请国外大学的辉煌成果，观众的双眼于是发亮，向我母亲进一步请益她的教育方式。母亲也会满面春风，大方分享她的心得。

"每天给她算十到十五道的数学题。"

"一早起来,精神最好的时候,听三十分钟的英文广播很有用!"

"必须尊重小孩子的意愿,然后把题目设计得很好玩。"

我曾经仔细观察那些家长专注聆听的容颜,想到一段过去。祖父罹患癌症时,举家上下掀起一波"抗癌"的热潮,只要听到哪里有抗癌成功的例子,全家就不计远近地跑去取经,毫无筛选地把对方的想法照单全收。那几个月,家中堆着厚薄不一的养生食谱,分别由自称"抗癌成功"的不同人士所提供。祖父逝世后几个月,我私底下拿这些食谱请教医生,医生看了几眼,没说话,只是摇了摇头,叹了口气。大概想说祖父都走了,多说什么也是枉然。

我在那些家长的脸上,看见似曾相识的神情,感到不可思议。他们真的相信在生活中安插进一两个"优良读书习惯"后,小孩的成绩就能突飞猛进吗?在实施这些方法时,他们考虑过这个小孩的个性、天赋吗?最重要的是,他们把小孩的主张纳入考量了吗?

一如我偷偷想过,祖父被喂食那些单调、无味的养生餐时,他快乐吗?很多时候,我们意识不到我们究竟是在讨论一个人,还是一种疾病、一种教育形式。我到今天还是无法厘清,祖父的身体到底是被癌细胞给吞噬了,还是被之后数不尽的治疗偏方给淹没了。教育亦然,真正打击到小孩的,是成绩本身,还是家长们看待小孩成绩的评价与目光？

我妈不坏，她相信每个小孩子都有其潜质，家长的工作是开发这种潜质，好让其发挥到最佳。但她没想过开发过度的后果：小孩自主学习的乐趣被剥夺了。

之前，我提过了，母亲很不乐见虎妈的教育风格，她想成为开明的父母，给小孩子发言的机会，注重孩子的情绪。这是她的说法。我长大一点后也发现了，母亲是给了我们发言的机会，但纳入参考的概率很低；她重视我们的情绪，但更要求我们重视她的情绪。

直至今日，她仍认为她是民主、开明的母亲，她仍相信我的成就来自她的教育方式，但我们不谈妹妹，妹妹是她至今解不开的一道难题。

我不禁想，我们服膺一套教育方法，往往是因为这套方法教出了一个"成功"的小孩，坦白说，这样的想法其实很空洞。把小孩好的、坏的打包成一团，再归因于"父母的管教"，不仅忽略了其个人特质，也忘了把他所处的环境纳入考量。一样的教育方法，可能打造出一个世俗眼中的成功模范，也可能将一个小孩的天赋摧残殆尽。只是这些小孩的故事没人关心，人们不喜欢失败的例子，只想倾听教育神话。

妹妹到现在仍是个偏激且愤世嫉俗的人，她很抗拒"教育"这件事。

她的成绩不差，只是母亲给她的挫折感太强了，她不得不放弃读书，转向外界寻求成就感。

小孩不是满足家长欲望、想象的容器，或者载体。

小孩也不是黏土，任由家长恣意妄为地往自己喜爱的方向捏来揉去。

矫情一点说吧，小孩子有自己的生命，他们属于自己，不是家长或任何人的所有物。

这是我在亲子关系这门学问中，挣扎了二十几年的一点心得。

*

我知道，各位读者在等候一个我与母亲和解的大圆满结局。

这也是我过去好几年试图营造的结果，我常在期待，有一天，我可以彻底忘掉母亲带给我的诸多伤害，以及她是如何造就我性格中的黑暗面，真希望我能够再次拥抱她。

我发现这很难。

与母亲相处时，我还是会下意识地全身僵硬，戒慎地观察她的一举一动，猜测她之后可能要说的话，并且在心里做好防范。我很少回家，一旦站在家门口，就需要花一段时间克制掉头离去的冲动。在她面前，我永远是个自卑、生怕无法取悦她的小女孩。

我很幸运，在感情上，拥有一位交往多年的伴侣。

我的伴侣非常有耐心，他花了很长时间去梳理我性格中的缺陷，也很能理解我母亲的教育方式对我的性格造成的冲击。每次，我因为母亲的指责陷入自卑时，他会温柔地劝哄我，给我赞美，让我从黑暗中走出来。宛如施展神奇的魔法，不管怎样，他都可以找到我内心那个来不及长大的小女孩，给她安慰，告诉她："你是个好孩子。"

他想要小孩，可是我很害怕。

我跟他坦承心中的畏惧，我很担心自己复制出一模一样的悲剧。我幻想过不下几十次，有朝一日，我的小孩站在我面前，口中吐出："你的控制欲真是太恐怖了。"

单是想象这个场景，我就窘迫得无法呼吸。

母亲造成的伤害实在太深刻了。

我跟母亲试图和解了无数次，但好光景维持不了太久，在亲密且频繁地接触一阵子后，我们会分别忆起一些过往不愉快的场景，疙瘩又全数长了回来，我们再次变得疏离。

这样和解、疏离的反复过程很煎熬，也很讽刺，越是急着修补，就越可能制造新的伤害。

和母亲将近第一百次的和解失败时，我决定宽恕自己，和解或许可行，但不是现在。

我很有可能一辈子都忘不了自己急着讨好母亲的卑微心境、母亲扔掷在我身上的否定言语、那些无以名状的愤怒与情绪、母亲带给我的种种创伤，那些诸如此类的事情。

但我还是可以隔着一段距离,关怀我的母亲,并许愿她一切都好。

这就够了。终究我们不是在演戏,这是人生。

后记 莫失莫忘

有没有一个可能,是我们的社会把"亲"与"子"绑得太紧了?
在怪兽家长的背后,不过是站着一个胆怯的、害怕犯错的人啊。

这篇并不存在于原先设定的大纲中,然而,许多友人看完草稿,一致的回应是:你该着手写你自己了。其中一位朋友的说法很美:"你必须跟你教过的小孩一起站在舞台上,这是对他们的交代,也是一种公平,因为你们一起站在舞台上。"这句话深深打动了我。

要说我的故事,得先从我的母亲说起,否则这个故事就是残缺的。

我的母亲,生于澎湖一个家徒四壁的渔夫之家,她是七个小孩中的长女。"七个小孩""长女",基本上这两个关键词已充分交代了她之后的命运：她得为这个家牺牲奉献。母亲的父亲，我的外公，是一位典型的渔夫，成天与变幻莫测的海浪争斗。渔村中很常听到一句话："谁昨天去捕鱼，再也没有回来。"母亲说过，外公每一次补破网，同时也在补他的勇气。至于不下海也不补破网的日子，外公则纵情于酒国——一个没有海浪、没有生死的国度。

母亲的学习能力极强，即使因为家境困厄而颠沛流离，她还是在前后换了三所学校之际，稳定维持第一名。她小学毕业之时，老师亲自前往祖父家为母亲说情，请外公让她继续升学。外公告诉那位天真的老师："她是长女，她得出去工作赚钱。"躲在门后的母亲听了，无声地掉下眼泪，拔腿奔去家附近的小坡大吼。回家时，她面无表情，认了身为长女的责任。

第一份工作在罐头加工厂，里头冷气很强，母亲被冻得发育不良，快十七岁了才来初经。工作几个月，母亲偷偷报名夜校，拜托同事代班，摸黑去上课。没上几堂课，被外公发现了，责怪母亲不认真工作，把母亲痛打一顿。母亲自此断了读书的念头，卖命工作。

十五岁那年，母亲独自来高雄工作，一口澎湖腔让她饱尝不友善的对待，母亲不介意，白日赚钱，夜晚拜托一个友人教她说台湾话。几年下来，母亲把澎湖老家的人，一个接一个牵来台湾本岛，在她能说出一口漂亮且"正确"的台湾话后，母亲开始习字。每天，结束八九个小时的工作后，用餐、盥洗完毕，母亲就着微弱的烛光，拿起报纸，左边摆着一本辞典，一个字一个字开始认，并在报纸余白处写满她新习得的字。

现在，母亲的识字能力非常强，完全是受过高等教育的水平。

为了原生家庭，母亲不停地工作，直到年岁大了，才仓促嫁给了父亲——一个完全不适合走入婚姻的人。这也是我多年来的感悟，有些人就是不适合走入婚姻，或者为人父母。但在二三十年前，一般人不会想得这么远，他们觉得只要孩子生下来，把孩子带来人世间的男女自然能胜任父母的角色，这实在是很天真的幻想。

母亲在怀我的十个月中，已差不多做足了为人母亲的心理准备；而我的父亲，他或许直至今日仍未意识到身为父亲的重量。在我的记忆中，父亲爱我像爱一个玩具，兴致一来就抓过去说几句话，兴致走了便径自逍遥去，把我搁在后头。我升小学四年级那年，有一回父亲结束午睡，他那天心情不错，叫我过去陪他聊天。第一句话就问我："你现在在二年级几班啊？"我瞪大眼，像有一枚锤子掉入心的最深处，我没好气地告诉他："我升四年级了。"

父亲之所以生子，纯粹是出于社会的规范，一个男子到了三十岁理应有个孩子，于是有了我与弟弟。可是他始终没有想过，"父亲"两个字不过是个骨架，要想方设法填入血肉，甚至赋予精魄，这个角色才能活过来。是以，父亲之于我的人生，存在,但也不存在。他虽到场,可是永远不参与讨论,只是双手抱胸,悠闲地等着母亲把我们加工成干净懂事的小孩,唯有如此,他方有可能跟我们说上一段话,共度一段时光。

母亲说,父亲是"成了婚的单身贵族",这个譬喻很好。

*

母亲活像个单亲妈妈,一人经手我与弟弟的大小杂事。难能可贵的是,她做得非常理想。

母亲的童年很短,教育又匮乏,成婚之后,她不用汲汲营营于挣钱,一有余裕,就带两个儿女去书店转转。母亲会先挑一本书,凝神读起来,她一陷进去,那就完了,至少三十分钟起跳,我和弟弟只得在茫茫书海中,拣选一两个可以共度半小时的对象。

我和弟弟一开始挑的是图画书,文字很少,图片很多,两个三四岁的小孩一起看,一起天马行空地讨论。母亲有时会放下手上的书,走过来为我们念上一段,念的时候她的指尖会跟着字走。一个字出现了五次、十次、更多次,有一天你发现自己懂它了。母亲很少停在一个字上,严肃地告诉我们:这个字是"小",那个字是"大"。没有,她只是为我们讲故事,没有强迫,也不计较我们今天学了什么,她只是为我们讲一些有趣的故事。

偶尔读到一半,书店要打烊了,我和弟弟就央求母亲让我们买下手上正在阅读的书。母亲的魔法便开始了，她会把那本书接过去，用一种鉴赏珍品的眼光细心打量，沉吟半晌，很正经地问我们："你们很确定，要带这本书回家？"待我和弟弟点头，她会不厌其烦地再问一次："你们非常确定，带这本书回家，你们真的会读？"这时，我和弟弟多少会面露犹豫，把那本书取过来，模仿母亲，以鉴赏珍品的心态细心打量。有时我们会放弃，说这本书没那么重要，有时我们会坚持到底，请母亲买下这本书。母亲结账后，会慎重地把那本书交付给我们，同时告诉我们："知识是很宝贵的。"我们接过那本书，仿佛打了一场胜仗，书是我们的战利品。

这是我自幼误打误撞习得的深刻道理：知识是很宝贵的。

母亲无心插柳地培养了我和弟弟的阅读能力，她想读书，想学字，她把我和弟弟牵到书店去。她捧书细读的姿态是如此优雅。小孩有个阶段喜欢模仿大人，我和弟弟极想模仿母亲阅读的优雅。那时，没有谁在乎阅读对于我们的人生有多少帮助。母亲拜访书店的次数很频繁，我和弟弟捧的书日益增厚。

很多年后，我听到"身教"这个词，对母亲的作为恍然大悟。

*

我升上小学一年级，一年级的语文对我而言有些太容易。一日，老师把五年级的语文课本忘在讲台上，要我拿到她的休息室。我边走边读了起来,走到老师面前舍不得放手,老师很惊异,要我念给她听。我念了一小段,有几个字不认识,我跳过去,算是念完了。

当晚,老师打电话给母亲,问母亲有没有栽培我日后参加跳级考试的心意,母亲很委婉地拒绝了。这通电话的存在,我到高中才知道,知情的当下很埋怨母亲,怎么不让我跳级?这样我的升学进程会比一般人快。母亲骂我:"童年已经很短了,只有笨蛋才急着快跳。"

这是母亲心底的痛处,她的求学时光太短了,小学六年不足以消化她满脑子的求知欲。

对于才艺,母亲的见解也很独树一帜,她问我:"对音乐有兴趣吗?"我摇头。"对资优数学有兴趣吗?"我又摇头。母亲问我:"对什么有兴趣?"我说:"画画。"母亲把我送去学画画,上课前我往往很期待。绘画没有成为我的专长,倒是成了我纾压的管道。

母亲从不因成绩而赞美我,倒是常常因为我的日常行止而把我痛揍一顿。我上小学时是个脾气乖张、跋扈的小孩,老是欺侮老师和同侪,母亲时常为此处罚我,她很生气地告诉我:"一个人成绩好但品行恶劣,是一件很糟糕的事情。大脑有东西的人,做起坏事来会更可恶。"

每一次我带回考卷,母亲看也不看上头的分数,只问我:

"里面的概念你都厘清了吗？"我点头，考得再糟她也处之泰然，我若犹豫半晌，再好的成绩她也不高兴。她认为，考试的意义在于检验你的学习情况，考好考坏都是珍贵的信息，目的是要我们清楚自己的知与不知。母亲也不逼我们写多余的习题。她很明白，逼急了我们就会抄答案，这不仅浪费了出题者的苦心，也是浪费我们的时间。

在此，容我说两个插曲。我初三念重点班，一晚我念得睡着了，醒来时理化作业尚未完成，到了学校，心中很挣扎，要不要抄邻座同学的答案，想到母亲的话，我又不敢。老师看我题目没写完，数我少写了五个大题，狠打了我五个大板。返家时，左手疼痛肿胀——这是重点班的潜规则，不打右手，右手是要写题目的。母亲看到我发紫的左手，很难过，问我缘由，我据实以告，母亲一时间也乱了分寸，叹了一口气，难过得挑不到话说，我猜她心中有些埋怨重点班的作风，但她最后选择不说。

我读高中时，又发生了一模一样的事情，我又念到睡着了，醒来时数学考卷尚未订正好，我硬着头皮去跟数学老师商量，再宽限一天。我告诉她："你要我早交，我只能抄。但我尊重你的题目，我不想抄。"数学老师答应了我，我以为这件事就这么过了。

六七年后，我和这位数学老师联络上，她告诉我，我们那次的"商量"，对她的教学生涯影响重大。这是她在明星高中任教的第一年，心中忐忑。她起初很挣扎，怕给我开了一道方便门，会对其他同学有失公允，好在我只迟交过这么一次。

不过，我的前例令她反思了一下制定规矩的意义，到底是要学生达成"定期交作业"的目标呢，还是要参酌一下学生各个不同的状态？闻言，我很难为情，想不到我的要求原来造成老师如此大的心理负担；我也很感激，教育说穿了就是两个人之间的事，一个班级四十几个人，这么悬殊的师生比之中，那位老师努力做到了这点，某个瞬间，教育成了我们两个人之间的事。

这并不容易。

在"她是老师，我是学生"的架构之下，她跨越了这条界线，化作学生，化作我，理解我的出发点，又回去站在老师的立场上，允许了我的决定。许多老师认为此举是降低格调，我倒觉得这样的举动升华了教育的本质，我很感谢数学老师的坦白。

*

母亲特殊的一点，在于她对"玩乐""放松"很重视。我初二、初三喜欢打一款战略游戏《星海争霸》，一天玩一到两个小时不等。久违的父亲再次出场，他砸烂我的键盘，转头和母亲大吵一架，怪她纵容小孩："瞧，现在她不再是前十名了。"

母亲立场不变，她告诉父亲："在学校上了整天的课，回家放松一个小时能有多坏？"

不过，她事后跟我约法三章："你可以玩计算机，我不阻挠你，只要完成学习就可以玩。你打游戏时千万要尽兴，可是你读书时一定要专心，不要再想游戏的事情。"

台湾家长普遍有个不安，觉得自己的小孩玩太多了，坐在书桌边的时间太短了。他们鼓励小孩读书，不鼓励读书以外的事项。造成的后果是：小孩读书的时候想着玩，是以书读得七零八落，等到该玩的时候，又想起未完成的作业、未备妥的考试，玩起来又充满罪恶感。

我只要观察到学生的读书计划安排得太紧张，就会鼓励他们插入一些休闲娱乐。学生们起初很质疑，他们觉得要读好书，就得延长坐在书桌前的时间，哪有缩短的道理。在我的坚持下，他们半信半疑地进行短程的出走，做什么都好，总之就是离开书桌，给自己半天的假。回来的时候，他们神清气爽，念起书来特别甘愿。

平衡"玩"与"读书"的界限很难，很多家长不愿做这课题，就想了一个很取巧的方式：尽量压缩小孩玩乐的时间。

*

在母亲强调自由、尊重的方针之下，我的求学之路非常顺遂，在没有补习的情况下，考上了很好的高中，三年后又考出很漂亮的成绩。可惜的是，我考大学的成绩太理想了，母亲第一次放弃了她的原则,干预我的选择。她不要我填外文系,要我填法律系。我们家因为不谙法律吃过亏,我的母亲第一次,把她对于未知事物的恐惧以及对于某些职业的幻想,投射在我身上,这成了我们亲子关系最大的伤口。

我认真读书就是为了进外文系,没想到却进了法律系。第一年进去,我就后悔了。我读得很痛苦,众多专有名词,众多来自不同国度的衡量标准,我完全被挡在个案之外,不得其门而入。

每一次上完课,回到宿舍,我坐在椅子上,眼前一片灰暗。我的法科成绩不坏,但叫我读法律书籍很痛苦;与此形成对比的是,我的选修科目,诸如历史、女性主义、西洋文学与艺术,等等,读起来很愉快,成绩的反馈亦很可观。

我跟母亲说:"这场比赛,在我奋力跑到终点时,才发现尽头一片荒芜。"

母亲很懊悔,不停地表示,倘若时光倒流,她绝不干预我的决定。

我跟母亲之间有个裂缝,"法律系"这三个字成了咒语,不能在我面前提起。

大学毕业后,我做出一个决定:我不要参与律师考试。我对这个职业没有归属感,黑白袍子里头没有我的尺寸。在做出这个决定之后,当下最直观的念头是:我的人生毁了,一百多个学分泡汤了。我注定要被人瞧不起了。

念法律系又不参加司法考试,在这圈子内,不是太光彩。

我在高中即有担任家教的经验，这几年下来，或许运气好，手上的工作没断过，学生一个接一个，不同的学生来自不同的家庭，每个家庭背后有不同的故事。随手拿一个案例来说，这案例很有趣，我没写出来。那个学生每堂课都巴着我，要我听他千疮百孔的求学经历，以及他多么喜欢音乐。下课后，他把我拉到钢琴面前，要我听他弹钢琴，我的音乐素养不太足，辨认不出他的技巧好坏，但我听得出来他与钢琴所创造出来的空间，是很和谐的。

第十堂课，我在地铁上，突然惊觉这一切太不对劲了。我步出地铁站，往学生家走。学生已在房间等我，我走进客厅，跟他的母亲说："阿姨，对不起，我不能教了。我认为把音乐学好，是他的真正需要，他也可以做得很好的。"

那位母亲很镇定，没有停顿太久，她开口说："我早知道该送他去学音乐，可是我还是想试试他学普通科的可能，你才来几次，就可以告诉我这些，可见事情真的很明显，我会去说服我丈夫的。"之后，她进房去找学生，母子俩很慎重地跟我说再见。

我忘不了那位母亲的反应，她在说话时，我清楚地感受到她对儿子的爱意。那个学生是独子，父亲经商，学生说过，父亲希望他读商科，做个商人。

对于大部分的案例，我不能理解这些家长为什么要如此对待自己的小孩，在前几个案例中，我认定这些家长很"奇怪"，随着我的学生人数增多，见识到越来越多光怪陆离的景象，我才转头认定是我的母亲很"异常"，她让我以为，小孩被视为独立个体是理所当然的事，但在我所生长的这块土地上，常情并不是这样子的，家长们更倾向把孩子视为所有物。

我突然很好奇，什么是教育的本质？我对这有了兴趣。

在大学担任家教，多半是打工性质，遇到跟学生、家长三方之间的冲突时，我不会积极去处理，有几次索性辞职了事。在思索"不考司法考试的下一步"这段空窗期，我决定先回去做我擅长的事：家教。从兼职转为专职，心境上转变很大。这三年，除了教法的改进，我花了更多心力观察冲突的形成与发生、记录我与学生的对话、检讨与家长沟通的措辞，等等。

更多时候，我了解到自己的无能为力。

很多人问我："你教过这么多学生，为什么挑这些学生写故事？"

我想，他们各自代表了一种"典型"。

例如巧艺，她让我看见同侪之间竞逐家境的心态，以及一对学历上吃过苦头的父母，梭哈自己的人生，只为子女换取一个"可能"更有前景的未来；譬如若娃，我为了她，翻找不少多动症的资料，想厘清他者急于撕除的标签，为什么成了若娃母亲的定心丸，这背后是怎样的生命经验；或者眼镜仔的母亲，或者茉莉，她们让我思索多重角色的冲突，在妻子、母亲甚至媳妇的折冲之中，她们最终为了取得什么而舍掉了什么，又是为什么。

我对茉莉印象尤其深刻。明玉不是个擅长爱人的母亲，明玉自己在原生家庭中受到的创伤，或多或少借着女儿茉莉的人生还魂了，茉莉却没有让这样的创伤在女儿小叶身上重演，她走出了一条新路。我们常说，父母对小孩的爱是与生俱来的，我不这样认为，至少在茉莉的例子上，我清楚地看见一个母亲，一步一步地学习爱自己的女儿。

还有我不太想提的蔡汉伟。蔡汉伟非常聪明，想法也很偏激，我认识他的头一个月，他动辄把"好想死""我的父母是恶魔"挂在嘴边。我在他身上投注的心力远超过其他学生，想方设法消解他心中对父母长期累积的恨。我认为，他必须和他的父母和解，从仇恨中走出来，回归自己的人生，去正视他在学校这一社群的处境。在我努力朝这个方向行进的同一时刻，蔡汉伟的父母犹不肯放弃他们的理念：小孩是我的，我知道怎么做对他最好。两种想法一再碰撞，蔡汉伟最终的结局是我最不能承受的，他的父母花钱与人和解，他被送出去，问题没有得到解决，反而恶化了。

也或者是贾宝玉，我凝视他的痛苦长达半年。儿子喜欢男生，是贾宝玉的母亲所恐惧的。她是天生这么恐惧吗？倘若我们的社会能接受多元的爱与被爱的可能，她还会这么恐惧吗？

对于女友以及分手的真正原因，贾宝玉多是避重就轻，我也想过,在学姐心中,这段半年的感情,她有没有受到伤害?是谁令她受伤了?

*

在我的成长经历中,父亲是缺席的。我很期盼,有一天我进入一个家庭,在那个家庭里,父亲不只是经济上的角色,也是家庭教育的重要一环。我很想书写一位父亲,知悉他的儿女,一如母亲知悉她的孩子。很遗憾的是,或许是华人的定位使然,我走入这么多个家庭,没有遇见一位这样的父亲。大部分的中生代父亲,仍把家庭教育视为母亲的专职。

我只能希冀,这样的父亲已经存在了,并且越来越多,有一天我会遇见的。

草稿出来后,许多人看了只问:"那么,依你看来,父母的角色是什么?"

我思索良久,有一点浅见,或许就类似牛顿的宇宙观吧。牛顿认为世界好像一个钟表,师傅完成装配之后,上紧发条,钟表即开始自行走动,也就是说,上帝完成创造之后,即退居幕后,而人类可以凭借理性去发觉这世界的运行。

每一个小孩,或者该说每一个人,有其存在的独特性。有太多父母执意要小孩去临摹其他人的行为,复制类似的成功经验,去追求他们眼中的理想人生,圆满他们年轻时未竟的梦,甚至驱策小孩成为"第二个自己"。仿佛一个生命的诞生，是为了满足、成就另一个生命。

就小孩的立场来说，"为了达成某个目的，自己才被生下来"，也是很可悲的一件事。

先前，我向一位年纪略长的朋友诉苦，他不但没有安慰我，反而一针见血地指出："选读法律系，与你母亲有关，但最关键的是你自己，当年可没人拿刀架在你的脖子上。你是有选择余地的，选择余地虽然不大，但你还是有选择余地的。可是你没有挣扎，你放弃了，为什么？答案很简单，我们都怕人生会出差错，但我们更怕人生出差错时，没人给我们担责任。大学要念四年，这么关键的决定，你让出来，让母亲来为你做决定，你让自己成为可怜的受害者，你之后的不顺遂、你的不满，可以全往你母亲的身上扔。你也怕选了外文系后，凡此种种都要自己扛了。"

家长经常问我一个问题："小孩子不照我的心意填志愿，该怎么说服他？"

先前，我从不正面回应这个问题，怕答得不好得罪家长。如今，我有了一些勇气回答这个问题："家长可以给意见，提供给小孩你的观点，与小孩讨论，但是，做出最终决定的人最好是小孩，这不是理想，更不是溺爱或纵容，而是一种事实，这是他的人生，他得学会肩负起做决定后所产生的责任。相反地，你若执意替他做决定，这在某种程度上也是一种溺爱，因为他始终学不会如何掌理自己的人生。今日发生车祸，我们绝对先找握方向盘的人而不是车主。这是他的人生，你却紧握着方向盘，日后出事了，他会说：'找我父母吧，你不该找我。'"

*

此时我二十五岁，距离大学毕业已有三年，走入这么多家庭，像是旅行，沿途有不同的人文风景，也得到一些思想上的养料。随着这本书的尘埃落定，我又回头去想我的求学路，以及一个比较敏感的问题：我跟母亲的关系该怎么修复？

念法律系四年，我与母亲变得很疏离。太多恶意缠绕在我心头："你到最后还是想控制我的人生啊。""所有的开明、民主都是假的，你想过我辛苦读书考取高分，是为了让自己进入一个毫无兴趣的系吗？"

母亲道歉过好几次，我却置若罔闻。

在我梳理故事中的角色，思考每一位母亲背后的为难时，我也看见了母亲的缩影。母亲是爱我的，她要我念法律系，不是为了名声，我考上中女中、台大，她没有一次主动跟他人提起我的学校，这代表她生我养我，"名声"二字没有放上心头。母亲只是把她童年对于贫穷的畏惧，投射在我身上。世人告诉她，律师是赚钱的职业，她就要我往这个方向走，无非是怕我穷。可是，见到我念书时的挣扎，她也流着泪，诚挚地向我道歉。

我突然很想跟她忏悔。

母亲一职，她做得很好了，我抛诸她的怨言，有很大一部分是言重了。

*

写到尾声，终于可以来说说我对于家教此一职业的想法。我很感谢我的第一位学生，我们年纪只差两岁，她经历过的，我也才经历不久。每回我们课程结束，她会把我留下来，诉说她的心事，那些心事有的很轻，有的很重，有些是不好和父母讨论的。我起初很别扭，不懂聆听这些心事的必要，也害怕逾越了师生的分际。

许多前辈说我这样是不对的，老师要建立起权威，要"恩威并行"，要让学生"怕"你。我感到很纳闷，我们面对的是一个比我们更崭新的生命，他为何应该怕我？

我于是偷偷做实验，让自己与学生之间没有高低，没有尊卑。我听他们倾诉，一起感受生命的失落，有些问题很棘手，我也无法提供意见，但我会想办法让学生知道，他们不是一个人在应付这些问题。奇异的是，之后上课，他们会更认真地听我讲解，学生也在乎我，这成了一套互惠的模式，我们相互照顾彼此的心情，学生变得比从前更自动自发，成绩自然而然就好转了。

我一度迷失在这种"非典型"的互动方式里，感到不安，怕自己是在误人子弟。近来，我读到《慢疗》一书，作者维多利亚·史薇特（Victoria Sweet）是个医生，她在美国一家源自中世纪的医疗院所（也曾经是美国的最后一家救济院）中，学习到崭新的医疗方式，那就是，以"人性"款待病人。有个故事我很喜欢，作者描述一位护士长喜欢坐在病人的身边打毛衣。在医院评鉴时，这位护士长遭遇了很大的抨击，说她不务正业，利用上班时间从事个人嗜好。然而，评鉴人员没有注意到，这位护士长打的毛衣，最终是给病人穿的。作者提出一个很特别的观点，她认为，这种看似毫无效率的医疗行为，说不定是最有效的医疗行为。试想，在你遭逢极大的身心病痛时，有个人坐在你身边，安静地穿针引线，没有给你止痛药或抗生素，她只是坐在那里陪伴你，并且在几天后送给你一条小毛毯。我这才懂了，聆听学生的心事，这种行为看似毫无效率，其实也可能是最有效率的教育行为。教育未必得在全部时间里塞满学科知识，一定也有其他值得言说的，例如学生自己的事。

我观察了好几年，发现在学生"无心读书"的背后，实则藏着很多心事，可能是在学校被欺负了，跟挚友闹翻了，或者觉得老师对自己不太友善，等等。他们不敢提出来，怕被说是借口。

对孩子而言，是三角函数、古文三十篇或虚拟语气的语法重要，还是明天去学校可能又要因为身材被嘲笑这件事重要？

两小时的课，我会超时至少十五分钟，这十五分钟是留给学生的。我会让他们说一下近况，大事小事不限。这十五分钟，我不是老师，他们不是学生。他们说，我认真听，他们若不想说，我也不勉强，但后一种情形非常罕见。每个人，都在等待谁来倾听。唯有他的言论得到倾听、得到尊重，我们才得以反过来要求他也倾听我们，尊重我们的言论。

这不只在谈教与学，也适用于其他人与人之间的关系。

*

家庭是社会的基本单位，门关上之后，在旁人看不到的空间之中，家庭成员要怎么相待，会影响到这些成员的思维，门一打开，这些成员走了出去，也可能以类似的逻辑与社会上其他成员互动，之后他们又各自与其他成员互动……环环相扣，有如核分裂一般，最终产生极大的能量。

可是，问题不仅在于父母，写下这些故事，不是为了抨击父母的是非，或者把所有乱象打包成一团归因在父母身上。在我与家长接触的经验中，很多时候可以看见他们的无助，他们被众多舆论干扰到无法做出决定，四面八方的压力在敦促他们成为"更积极"的父母。

今日，多一道声音鼓励父母教养出成功完美的小孩，就有一对父母可能走上压迫自己小孩的道路；多一则新闻把小孩的成败完全归于父母教养的好坏，同时也可能诞生一个以极端方式管控子女的家长。我们常言，小孩是独立的个体，有时，我会想，反过来，父母可以说自己是独立的个体吗？有没有一个可能，是我们的社会把"亲"与"子"绑得太紧了？在怪兽家长的背后，不过是站着一个胆怯的、害怕犯错的人啊。

这些故事之所以存在，是期待我们去凝视一个初衷，静下来，好好想想，把小孩带到这世界上的初衷。如《一脉不相承》中的茉莉所言，事情的最初，我们要的只是孩子健康、快乐，最后我们的期待却无限制地扩张开来，于是伤害就无可避免，我们也失去了凝视孩子的初衷，曾经在某个时刻，我们光是触摸小孩柔软的掌心就满足不已。

我们可以不再复制这些伤害。

一位好友看完这些故事之后，语重心长地告诉我："以前我想过，我一路走来拿这么高的学历，要是我的小孩不像我，不是很丢脸吗？现在，我只希望他快乐就好。"

这一反馈令我泪光闪闪，不骗你。

图书在版编目（CIP）数据

你的孩子不是你的孩子 / 吴晓乐著 . -- 北京：中国友谊出版公司，2019.6（2024.6 重印）

ISBN 978-7-5057-4688-6

Ⅰ.①你… Ⅱ.①吴… Ⅲ.①家庭教育 Ⅳ.① G78

中国版本图书馆 CIP 数据核字（2019）第 069687 号

著作权合同登记号　图字：01-2019-2427

本书由大块文化出版股份有限公司经由四川一览文化传播广告有限公司独家授权北京磨铁图书有限公司，发行销售地区仅限中国大陆地区，不包含香港、澳门地区。

书名	你的孩子不是你的孩子
作者	吴晓乐
出版	中国友谊出版公司
发行	中国友谊出版公司
经销	新华书店
印刷	北京世纪恒宇印刷有限公司
规格	880 毫米 ×1230 毫米　32 开 9.75 印张　182 千字
版次	2019 年 10 月第 1 版
印次	2024 年 6 月第 18 次印刷
书号	ISBN 978-7-5057-4688-6
定价	49.80 元
地址	北京市朝阳区西坝河南里 17 号楼
邮编	100028
电话	（010）64678009

如发现图书质量问题，可联系调换。质量投诉电话：010-82069336